U0906164

商贾望族

主编 刘建生 副主编 刘成虎

刘亚丽 王瑞芬 陈文慧 编著

山西出版传媒集团 山西教育出版社

图书在版编目（CIP）数据

商贾望族 / 刘建生主编. — 太原 ：山西教育出版社，2021.5（2023.12重印）
（晋商五百年）
ISBN 978-7-5703-1491-1

Ⅰ. ①商… Ⅱ. ①刘… Ⅲ. ①晋商—史料 Ⅳ. ①F729

中国版本图书馆 CIP 数据核字（2021）第 068200 号

晋商五百年·商贾望族

JINSHANG WUBAI NIAN · SHANGGU WANGZU

出版人　李　飞
责任编辑　王介功
复　　审　李梦燕
终　　审　杨　文
装帧设计　薛　菲　刘志斌
内文排版　李　珍
印装监制　赵　群
图片统筹　刘志斌
摄　　影　薛　菲　王永伟　刘志斌　梁　铭　荣　浪
　　　　　冯　汀　王介儒　王介功　刘映海等

特别鸣谢　北京晋商博物馆
支持单位　北京晋商博物馆　山西省博物院
　　　　　太原晋商博物馆　山西财经大学晋商博物馆

出版发行　山西出版传媒集团·山西教育出版社
（地址：太原市水西门街馒头巷7号　电话：0351-4729801　邮编：030002）
印　　刷　山西印美文化科技有限公司
印　　次　2021年5月第1版　2023年12月第2次印刷
开　　本　787×1092　1/16
印　　张　13.25
字　　数　194千字
书　　号　ISBN 978-7-5703-1491-1
定　　价　29.80元

康熙皇帝说：“今朕行历吴越州郡，察其市肆贸迁多系晋省之人，而土著者盖寡。”

——《清实录》康熙二十八年二月乙卯条

● ● ● ● ● ●

山西巡抚刘于义上奏说：“山右积习，重利之念，甚于重名。子弟之俊秀者，多入贸易一途，其次宁为胥吏。至中材以下，方使之读书应试。”雍正帝在其奏疏上“朱批”：“山右大约商贾居首，其次者犹肯力农，再次者谋入营伍，最下者方令读书。朕所悉知。”

——《雍正朱批谕旨》，第四十七册，雍正二年五月十二日朱批

● ● ● ● ● ●

在海外十余年， 对于外人批评吾国商业能力，常无辞以对，独至有历史、有基础、能继续发达之山西商业，鄙人常以自夸于世界人之前。

——梁启超《在山西票商欢迎会演说词》，1912年

● ● ● ● ● ●

平阳、泽、潞豪商大贾甲天下，非数十万不称富。

——王士性《广志绎》

● ● ● ● ● ●

富室之称雄者，江南则推新安，江北则推山右。

——谢肇淛《五杂组》

● ● ● ● ● ●

山右巨商，所立票号，法至精密，人尤敦朴，信用最著。

——《清朝文献通考》，卷十八

1888年，英国汇丰银行一位经理甫将离开中国时，对山西票号、钱庄经营人有过这样一段评论："我不知道我能相信世界上任何地方的人像我相信中国商人或钱庄经营人那样快……这25年来，汇丰银行与上海的中国人作了大宗交易，数目达几亿两之巨，但我们从没有遇到一个骗人的中国人。"

——渠绍淼《晋商兴盛溯源》

· · · · · ·

中国商贾夙称山陕，山陕人智术不能望江浙，其推算不能及江西湖广，而世守商贾之业，唯其心朴而实也。

——清代外交家、首任驻英公使郭嵩焘

· · · · · ·

霭龄坐在一顶十六个农民抬着的轿子里，孔祥熙则骑着马，但是，使这位新娘更为吃惊的是，在这次艰苦的旅行结束时，她发现了一种前所未闻的最奢侈的生活。因为一些重要的银行家住在太谷，所以这里常常被称为"中国的华尔街"。

——罗比·尤恩森《宋氏三姐妹》

· · · · · ·

在上一世纪（19世纪——编者注）乃至以前相当长的一个时期内，中国最富有的省份不是我们现在可以想象的那些地区，而竟然是山西！直到本世纪（20世纪——编者注）初，山西，仍是中国堂而皇之的金融贸易中心。北京、上海、广州、武汉等城市里那些比较像样的金融机构，最高总部大抵都在山西平遥县和太谷县几条寻常的街道间，这些大城市只不过是腰缠万贯的山西商人小试身手的码头而已。

——余秋雨《抱愧山西》

未曾消逝的风华
（代序）

三晋大地是孕育中华民族的热土。距今180余万年前，山西匼河西侯度出现了迄今为止在中国发现的最早的人类。许家窑、丁村、峙峪、北撤……山西几乎保留了旧、新石器时代不同阶段的所有遗存。从那时起，山西曾一度是中华文明的代表。

隋代，雄踞太原的李渊成为天朝大国新的主宰，太原也因此成为大唐帝国的北都。唐代的三晋是一个文化昌达、名人辈出的地方，王维、柳宗元、狄仁杰、河东裴氏……一个个镌刻在青史上的名字，推动着唐代文化登峰造极。当鼎盛的铅华在四起的狼烟中悄然褪尽，宋太宗的铁骑踏过黄河，刘汉王朝灰飞烟灭之后，连年的战火、无休止的争斗，李唐盛极一时的河东文化似乎真的随着太原城那场人为的大火飘零没落了。

有人说，唐代以后的山西乏善可陈，科考不利、文化名人匮乏，山西的文化凋落了，但很少有人注意到，在时代变革、文化演进的浪潮中，山西扬弃旧腐、推陈出新的地域文化特征和独特的文化变迁方式。17世纪以降，在风云诡谲的世界形势中，经济实力成为决定国家兴衰至为重要的因素。当西方凭借坚船利炮不断开拓世界市场、中国依然沉浸在义利之辩中无法自拔时，被梁启超先生"常以自夸于世界人之前"的那些"胡服辫发"的山西商人又一次成为引领时代潮流的群体……时任德国柏林大学校长的李希霍芬男爵曾评价说，山西人"具有卓越的商才和大企业精神，有无比优越的计算智能，有发达的数字意识和金融才华"，因此"中国人好比犹太人，而山西人更像犹太人"。

晋商从默默无闻的引车卖浆者逐渐发展成为"非数十万不称富"的豪商巨贾，纵横捭阖五百余载，足迹遍及大江南北。他们凭着敢为天下先的精神，利用国家政策，抓住历史机遇。他们栉风沐雨，远渡重洋，北至西伯利亚、伊尔库茨克，南抵香港、加尔各答，东到神户、大阪、横滨、仁川，西涉喀什噶尔、塔尔巴哈台，业务涉及盐、茶、粮食、布匹、典当、票号等诸多行业，以独具特色的经商理念与经营艺术，创造了一个个令世人瞩目的商业奇迹。我们山西大学晋商学研究所同仁曾循着晋商的足迹赴东瀛，到欧美，北上恰克图、海参崴收集相关史料。大家无不为昔日晋商“劈开万顷波涛，踏破千里荒漠”的那种艰苦创业、百折不挠的精神所折服。尽管晋商在清末战乱中逐步走向衰败，商业和金融业态的转变使之无法承担起信用制度变迁所带来的庞大交易费用，但他们并没有化作历史的尘埃随风飘逝，其遗留下来的丰富的物质和精神遗产，至今依然影响着我们。

站在平遥、太谷、祁县等古老县城的街道，放眼望去，掩映在夕阳余晖中的是一座座明清晋商的豪宅大院、孕育着郁郁生机的老街，还有那商号店铺的门帘随着进进出出的人们不停地摆动，像少女头饰上随风摇曳的流苏。熙攘而恬静，喧嚣而自然，建筑和人交相融合，很容易让人产生时间上的错觉。思绪的穿越，把我们带回到清代，街面上此起彼伏的吆喝声、票号柜台上眼镜戴在鼻尖上的掌柜、镶满铁钉的大门、被缰绳磨得发亮的花岗石拴马桩……使我们抑制不住钩沉旧事的冲动。

每处遗存都有着自己的故事，每件古物都有着鲜为人知的传说。发现故事讲给世人听，是三晋学人义不容辞的责任。因此，我们会集山西大学晋商学研究所以及经济、历史、教育、体育等学科从事晋商研究的多位学者，捃摭多年研究成果，从晋商盐帮、茶商、典当、票号、镖局、会馆、家族、大院、教育，以及走西口、粮油故道、保晋公司等入手，通过点滴历史事件，深入浅出，图文并茂，向读者展示明清晋商的不同侧面，以期雅俗共赏，弘扬中国传统商业文化。

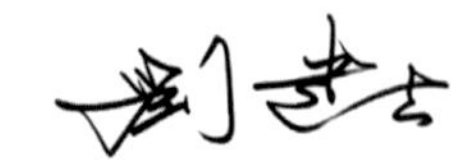

于山西大学晋商学研究所

目录 MULU

前言

晋人从商，古已有之。至明朝，晋地“重迁徙服商贾”。“山西富户，百十万家资者，不一而足。”进入清朝后，晋商发展成为我国著名的实力强劲的封建性商帮。其从业人员之众、经营品种之繁、活动范围之广、聚敛财富之多，实属罕见。

综观明清时期的晋商五百年历史，不难发现，横跨欧亚大陆，远涉日、韩、马来半岛的巨大贸易市场，绝大部分控制在晋商家族手中。祁县乔家在蒙汉交易重镇包头设“复”字号，在街市上复盛公、复盛全、复盛西三大号共有19个门面；太谷曹家在道光、咸丰时期，商业发展到鼎盛阶段，国内商号遍及大半个中国，国外发展到莫斯科等地，商号总数达640个；介休侯氏的“蔚”字号在全国30多个地区设有分庄；范氏家族垄断对日贩铜贸易达70余年；榆次常家商号“十大德”“十大玉”控制了恰克图的对俄贸易……这一切无不证实晋商发展到鼎盛时期所呈现的这种家族化现象。

晋商家族由于历史与社会种种原因，各个家族呈现出不同的风姿。

第一章

称雄包头　祁县乔家

在太原城南的百余里坐落着一座气宇轩昂、巍峨高大的“城堡”。该建筑布局严谨，设计精巧，建筑考究。砖瓦磨合，精工细做；斗拱飞檐，彩饰金装；砖石木雕，工艺精湛。令人目不暇接、流连忘返，被誉为“北方居民建筑史上一颗璀璨的明珠”。这就是名扬三晋、誉满海内外的祁县乔家大院——在中堂。带着对辉煌的感叹和对神秘的期待，让我们寻觅悠悠古宅承载着的历史风霜，探寻其家族缘何如此殷实富有。

第一节　闯荡西口　发迹包头

从面朝黄土背朝天的农民到资产数千万两的巨富，从默默无闻的小伙计到商号遍及全国的大商人，乔家先祖经历了怎样的艰难历程？又留下了怎样的传奇故事呢？

关键词：走西口　“复”字号　包头

一、几番沉浮创家业

乔家祖先是祁县乔家堡面朝黄土背朝天的穷苦农民，在遗留下一个年幼的孤儿乔贵发后，便永远闭上了双眼。乔贵发从小寄养在东观镇的舅父家，舅妈终日冷言冷语，对其甚为冷淡。这种饥不饱食、衣不裹体、寄人篱下的生活环境造就了他内向、不善言辞的性格，但他内心却渴望得到别人的接纳和善待。因此，乔贵发总是乐意为他人出力。本家侄子办婚事，乔贵发一大早就赶去帮忙。中午新人典礼之时，新娘新郎要给长辈磕头行礼。乔贵发正在炕头旁拉风箱，拉得大汗淋漓，突然听到有人喊他的名字，刚想起身，有人讥笑道：“给这种人行礼有失身份。”此言一出，羞得乔贵发站也不是，坐也不是。

事后乔贵发越想越气，毅然决心背井离乡——走西口，在萨拉齐厅的合成当铺做小伙计。初来乍到，虽然劳务繁重、报酬甚微，但毕竟能混口饭吃。不觉十余年一晃而过。此间乔贵发与店内姓秦的伙计交往甚密，二人志趣相投，义结金兰。在略有积蓄之时，二人看到了创业的商机。

当时还没有“包头”这个城市，但已有一大片刚刚开垦的土地。清政府为支应蒙古驻防清军的粮秣，开禁土默特旗的广大牧场，招徕内地百姓开荒种地。人多了，商机就出现了。由于这里是蒙汉贸易的聚焦地，是归化（今呼和浩特市旧城）西行新疆的第一站，因此这里逐步形成了塞外新兴的商业城镇。

乔秦兄弟二人辞职出号，自立门户，在西垴包开了个草料铺，经销豆腐、豆芽、烧饼、切面以及零星杂货。二人苦心经营，生意日见起色，资金逐步积累。

俗话说“商场如战场，风云变幻”。正当二人踌躇满志，欣喜不已的时候，市场状况发生了变化。乔秦二人这两个经验不足的新舵手在商海中亏尽血本，几乎歇业。乔贵发遭受打击，心灰意冷，面容憔悴，打点行李回原籍种地，留秦氏守摊。

有道是“天无绝人之路”。就在秦氏一筹莫展，勉强维持店面的时候，时来运转的机会悄然而至。乾隆二十年（1755）口外粮食丰收，粮价普遍下跌。秦氏为贮备来年磨豆腐、生豆芽的原料，趁粮价暴跌时购存一批黄豆，不料次年黄豆歉收，销售一空，获利颇丰。秦氏欣喜万分，把乔贵发从原籍叫回来共同经营，共谋发财大计。

金兰谱

古人结拜通常交换《金兰谱》，内中记载结拜者姓名、生辰八字、籍贯、结拜时间、誓言等，作为他们珍贵友谊的一种记录。

西口——杀虎口堡

位于山西省朔州市右玉县。清朝时，包括乔贵发在内的众多山西人走出西口到内、外蒙古及新疆等地经商谋生，这才有了名满天下的晋商。

◎ 乔家大院

乔家大院气势宏伟，布局严谨整齐，被称为北方民居建筑史上的璀璨明珠。壮观的乔家大院正是乔氏家族雄厚财力的体现。

正是乔秦二人的金兰情义，使得秦氏赚足了资本后，还想着把发财的机遇同乔贵发分享。这才成就了“先有‘复’字号，后有包头城”的商业佳话。

乔秦二人用黄豆生意赚来的资金开设了客货栈广盛公。经过二人艰苦创业，生意日益兴隆。他们逐渐在包头崭露头角，成为商界新秀。这时广盛公扩大经营范围，不仅继续经营酒、油、米、面等原有业务，而且兼营粮盘、钱盘、贩马、客栈等买卖，小到葱蒜，大到绸缎，一应俱全。乔秦二人也从昔日的小伙计变成了腰缠万贯的财东。

广盛公生意十分兴隆，掌柜们陶然得意，加大了商业投机——“买树梢”。所谓“买树梢”就是当农民急于用钱时，将其青苗做抵押，向商号借贷钱物，秋后按照原来预定价格交纳粮食。广盛公的掌柜们在这种投机买卖中得心应手，备尝甜头。但清嘉庆时广盛公在一次“买树梢”买卖中失手，亏损巨大，债台高筑，濒临倒闭。掌柜们一个个狼狈不堪，追悔莫及。幸亏广盛公在商界声誉卓著，得到当地相与的友好支持。债主们议定“缓期执行”——欠款缓期三年归还，从而使广盛公得到喘息机会。广盛公上下卧薪尝胆，从惨痛中汲取教训。到三年结账时，广盛公不但还清了债款，而且大有余利。

乔、秦认为此乃复兴基业的起点，便把广盛公改名复盛公。乔氏以在中堂、大吉堂、进修堂、德兴堂名义，秦氏以三余堂名义，在复盛公共投资白银3万两，以志事业中兴，财运长久。乔家子弟恪守祖训，定有家规，不准嫖赌，不准纳妾，不准酗酒。因此乔姓家业兴旺。而秦氏子弟吃喝嫖赌，挥霍浪费，渐从号内将股抽出，全部花光。秦氏抽出之股均由乔家补进，最后复盛公14个财股中秦姓只留1分2厘5，其余皆为乔氏之股。

二、乔氏商号遍全国

复盛公成为乔姓之商号后，买卖兴隆，继在包头增设复盛全、复盛西商号和复盛菜园。后来，在包头城内共开设复盛公、复盛西、复盛全等19个门面，拥有近500名职工，成为包头市面上头号买卖。复盛公的发展壮大对于包头这颗大草原上璀璨新星的形成影响极深。因此，至今流传“先有复盛公，后有包头城”之说。

乔家依托“复”字号，又向国

乔家堡墙

乔家大院为全封闭的城堡式建筑群，外围高大的砖墙超过10米，上面更有女墙式的垛口。坚固的堡墙历经风雨依旧矗立，守卫着深宅大院。

大德恒票号

大德恒是乔家二票号之一。作为后起之秀，大德恒发展迅速，很快成为全国首屈一指的大票号。

内各大中商埠发展，先后在京、津、东北、长江流域各城镇设立商号。光绪十年（1884）又设大德通、大德恒票号。大德通票号最初资本 6 万两，中期增银 12 万两，最后增至 35 万两。大德恒票号资本 10 万两。二票号在全国各地有 20 多个码头（分号）。西至兰州、西安，东至南京、上海、杭州，北至张家口、归化、包头，东北至沈阳等地，均设有乔氏商号。徐珂《清稗类钞》载，乔氏共有资产四五百万两。实际不止此数，清末乔氏在全国各地有票号、钱庄、当铺、粮店等 200 多处，有流动资金 700 万—1 000 万两以上，加上土地房产等不动产，有资产数千万两。

第二节 乔家六代 人才辈出

乔家从乔贵发开始，整整富了六代人，打破了“富不过三代”的传统说法，这是一个家族奇迹。深深庭院之中到底居住着怎样的人，子承父业，绵延着这个商业帝国的名望和显赫？

关键词：在中堂 信义 善举

一、乔致庸——论道中庸

乔贵发辛苦一辈子，有了家眷，有了三个儿子乔全德、乔全义、乔全美，他们分别立各自家族分支的堂名为德星堂、宁守堂、在中堂。

德星堂后继乏人，人丁缺少，故长门所营商业较为逊色；

宁守堂追求功名，父子、叔侄、爷孙、兄弟、舅甥多有科名；

在中堂全美生二子，长子致广，英年早逝；次子致庸（1818—1907）是乔家一位出类拔萃的人物，他历经嘉庆、道光、咸丰、同治四朝，为乔氏家族的繁荣立下了大功，人称“亮财主”。

乔致庸人如其名，待人随和，处世中庸。由于他善于计谋，在他执掌家业时，资产越滚越多，他成了在中堂殷实家财真正的奠基人。起先是“复”字号称雄于包头地面，接着有大德通、大德恒两大票号活跃于全国各大商埠及水陆码头。当时在中堂的财势已跻身全省富户前列，家资千万，商业遍布全国。他为了光大门庭，

乔致庸

乔家传奇人物。他奠定了乔家庞大经济实力的基础，培养出众多优秀的子弟后人，修建了著名的乔家大院，一生为乔家贡献极大。

“毋不敬”和“慎俭德”

乔家注重对子弟性格品质的培养，在大院的牌匾、楹联、影壁之上常常可以看到这样的教诲箴言。

又大兴土木，于同治初年开始，先在老院西侧隔小巷购买了不少房基地皮，又修了一座里五外三的楼院。而且两楼对峙，主楼为悬山顶露明柱结构，通天棂门，有阳台走廊。登上阳台，可观全院。阳台前沿设有扶栏,扶栏上刻有砖雕，砖雕工艺精湛，栩栩如生。明楼竣工后，又在两楼院隔街相望处陆续兴建了两个横五竖五的四合斗院。四座院落正好位于街巷交叉的四角，为后来连成一体奠定了基础。在他手里建筑的房屋占到现在整个房院的三分之二。

乔致庸的一生颇有善行，经常救济平民百姓。特别是在清光绪三年（1877），天遭大旱，赤地千里，寸草不生。民谣有“光绪三年，人死一半”的说法。当时乔致庸曾开仓赈济。对此，光绪八年（1882）版《祁县志》有记述，并给予褒奖。

乔家对子弟读书也十分重视，而且要求很严。他们聘私塾教师一定要聘学问大的，在接待上也尤为礼遇。如对所聘本县名儒刘奋熙，尊敬异常，以致不敢对刘提报酬，只是暗中对刘家给予多方资助。乔家对教师逢节日有例敬，专配有两名书童陪侍，吃饭时由家长作陪。遇有家宴或送请宾朋，必为教师设首席相待。教师回家时，必备轿车接送，家长率子弟恭立甬道送迎。乔氏如此尊重教师，其目的是在子弟中树立教师威望，让其生崇敬之心，有利于教师秉权执教，约束骄横的小少爷。同时，使教师有所感戴，可不遗余力地施教，最后受益者仍为乔家。乔氏重教之风为乔家培育了许多人才，其后代子

延伸阅读

乔家大院内最有价值的三块牌匾：一是光绪四年，李鸿章亲书的“仁周义溥”；二是山西巡抚丁宝铨受慈禧太后面谕送的“福种琅嬛”；三是民国十六年（1927）祁县昌源河东三十六村送给乔映奎的“身备六行”。

弟有不少人进入高等学府，成为科学家、教授和爱国军人等。在理家上，乔致庸经常告诫儿孙，经商处事首先以信义为重，以信誉得人。其次是“义”，不哄人，不骗人，该得一分得一分，不挣昧心钱。第三才是利，不能把利摆在首位。又戒“骄、贪、懒”三个字。他治家有方，把《朱子治家格言》当作儿孙启蒙的必备读物，刻在屏门上，作为家族行动的准则规范。乔致庸还把他亲拟的对联挂在内宅门上：“求名求利莫求人，须求己。惜农惜食非惜财，缘惜福。”以此告诫儿孙，注重节俭，不贪图安逸、坐享祖业。

他从后代中慎择继承人，认为长子骄横跋扈，不可委以重任；次子个性暴烈；三子过于老实，亦非经济之才；四子朴实迟钝，不善于说话；五子是个书呆子；六子体质瘦弱，难担大业。只有长孙乔映霞忠诚厚道、聪明伶俐，故对映霞寄予厚望，着重培养。他常常对映霞语重心长道：“唯无私才可讼大公，唯大公才可成大器。”“气忌躁，言忌浮，才忌露，学忌满，胆欲大，心欲小，知欲圆，行欲方。”“为人作（今为做）事怪人休深，望人休过，待人要丰，自奉要约。思怕失益后损，威怕先紧后松。”这些教诲，对乔映霞的立身行事是有很大影响的。

乔致庸执掌家务时，可称得上人丁兴旺、四世同堂。乔致庸娶过六个妻子，分别是马氏、高氏、杨氏、周氏、杨氏、杨氏，都是诰赠夫人。据说他最后一个妻子可做他的孙女，两人的年龄相差三十几岁。这样看来，不知底细的人会认为这位老翁好色，老了还讨妙龄少女为妻。其实老翁娶少妻竟是儿女们的主意。因为他家虽说僮仆很多，可贴身服侍实在不如自己的妻子方便，妻子比孝顺的儿女使用起来自然得多。娶了妻子，一来省去子女们的麻烦，二来还可避免同仆妇女佣的风流不雅。俗话说，人老惜子，乔致庸老年时，对他的小儿子宠爱至极，偏袒极甚，因而在他的幼子去世后，恸哭不已，染病卧床，两年后离开人间。

二、乔景俨——捐官至道员分省候补

乔景俨，字望之，是乔致庸的三儿子，生于咸丰九年（1859），卒于民国元年（1912），在乔致庸晚年时当家，开始执掌家务。景俨深得其父处世中庸的熏陶，办事谨慎细微，颇有长者风范，主持家业游刃有余。但在经商理事上，乔致庸认为其胆识不足，故景俨一生未涉外埠商务。

景俨执掌家政时捐了个三品官赏戴花翎，最后又晋升二品，为道员分省候补。他一生俭朴，也严格禁止家里人有声色犬马之好。家中从来不设堂会，妇女不准轻易外出看戏，尤其反对秧歌社火。景俨为人善良，善举颇多。黄土高原夏季天旱无雨，眼看农田里的庄稼就要枯死，纵然有时可用河水灌溉，但往往你抢我夺，混乱无章。为此，农民之间时常为争水发生械斗甚至屡出人命。一年天旱，炮守堡和乔家堡村民因浇地发生斗殴，双方用铁锹劈出人命。县官坐着轿子去办案，被农民搬起石头砸了轿顶。在此情况下，乔景俨捐资修筑伏溪河水和渠，可浇灌田地千余亩，改善了农田的灌溉条件，解除了农民生产耕作的一大危难。渠本翘集资开办祁县中学堂及孟步云在太原开办私立光华女子学校时，乔景俨也曾捐资相助。他本人还懂医术，经常为人免费诊治，施舍药物，因而深受乡里人敬重。他所经手诊治的患者大都是穷人。他认为施舍药物也是一种花钱办好事的办法，花了钱可以消灾免难，比抽了

乔家大院甬道

悠长的甬道华丽却不失宁静安详，无声地见证了乔家一代代杰出人才的故事。

"在中堂"门匾

在中堂是乔致庸所在的堂名，俗称乔家大院。

大烟和赌博强得多。

景俨原配赵氏，是太谷县同知赵淑公的女儿，比景俨大一岁，是个勤俭持家、贤惠温顺的妇女，生有四子二女，于光绪二十九年（1903）去世。同年，景俨续娶了本县梁村梁氏，比景俨小 23 岁，后生有一子。当景俨病重时，妻子在神前许愿："若得丈夫病好，一定唱大戏、备三牲酬谢。"景俨的病痛稍有缓解，梁氏便急着要还愿。这时"现代派"的侄子映霞却认为"荒诞迷信，既违祖训，又伤风化"，家族不支付开销。从此，叔侄之间表面和好，内心不合，这种情况直到景俨临终也未能好转。

建筑方面，光绪中期地方治安混乱，在中堂为了保护自身的安危，乔景仪、乔景俨决计修建全封闭的城堡式大院。为此，乔家费了很多周折，花了许多银两，买了街巷的占用权。他们买下占用权后，把巷堵了，小巷建成西北和西南院的侧院。街口堵了，东面修建了大门，西面起建了祠堂，北面两楼院外又扩建为两个外跨院，新建两个芜廊大门。跨院之间有廊相通，并通过大门顶的"过桥"，使南北院相连，形成了今天我们所看到的堡式建筑群。

三、乔映霞——现代派的"大少"

乔映霞乃乔致庸次子景仪所生，过继长子景岱，人皆称大少。乔氏在中堂后来由映霞主持。乔映霞深受祖训影响，主持乔家以来，事业心强，治家颇严。映霞不愿意乔家偌大家业在他手中败落，力图振兴，维护这个家族的繁盛和完整，事事遵照家族遗训办理。有一次在家中饭桌上对其九弟映庚说："听说你武功颇高，你能用四个指头把这双筷子折断吗？"九弟说："这有何难！"接着不费吹灰之力便把筷子折为两截。映霞连声称赞，又把兄弟们的筷子都

乔映霞

乔致庸之孙，在继承了祖辈优良传统的同时又受到近代进步思想的影响，治家严谨开明。

收起来，令九弟用两手再折，这下兄弟们都明白了，这是让他们抱成一团，拧成一股劲！兄弟们都低头不语。映霞说："大家都明白了这个道理，我很高兴！希望以后要同心同德，互相勉励，永记此事！"此外，映霞还针对众兄弟的个性，分立书斋名，如"不泥古斋""知不足斋""日新斋""自强不息斋""一日三省斋"等，以此相互勉励。映霞订立家规：一不准吸鸦片，二不准纳妾，三不准赌博，四不准冶游，五不准酗酒等。电影《大红灯笼高高挂》叙述的是乔家土财主纳妾成群的故事。但在真实的历史中却恰恰相反，乔家几代人无一人纳妾。"亮财主"娶过的六房妻子全都是续弦。乔家最后一任掌门乔映奎，百事如意唯有一事不顺心，老婆只生女儿，没有男孩。在"不孝有三，无后为大"的封建礼法下，讨房姨太太，传宗接代是合乎情理的事，但在严厉的家规家法制约下，他根本不敢有此举动。

乔映霞思想比较开明，早期崇拜康梁，后倾向孙中山推翻帝制，曾率先剪辫子，动员家族妇女解除缠足的陋习，又任过区长、禁烟委主任。光绪二十七年（1901）天旱无雨，由于邻村张庄与乔家堡共用一个渠引水灌溉，因用水先后次序发生矛

石寿砖雕影壁

又称"百寿图"，由一百个形态各异的篆体寿字组成，书法精美，寓意丰富。两侧是左宗棠所拟对联："损人欲以复天理，蓄道德而能文章。"横批："履和"。

盾，引发了两村人大规模的械斗。乔映霞当时年轻好胜，提了一支毛瑟枪出来为本村人助威。他本想摆摆威风吓唬一下张庄人，不想枪法不精，当场竟使一人重伤毙命。县官闻报，认为是巴结乔氏的机会，径奔乔府谒见。县官此举惹恼了张庄村民，认为县官偏袒，便纠合群众，直奔乔府。县官自知理亏，怕激起民变，只好照章办事，拘传凶手。杀人偿命乃天经地义，正当乔氏一家人急得团团转时，有一仆人挺身而出，说：“平时里主人待我不薄，今日主人有难我岂能坐视不管，打架时我也在场，就说人是我打死的，人命我去偿，也算报答主人一场。”乔映霞一听，有人愿代己受刑，急忙下跪，说道：“平日没看错你，真是好样儿的。你既有此心，就有劳你了。衙门上下我们花钱打点，保你受不了苦，你的家眷我会妥帖安排，请你放心。”就这样，这个家仆代主服刑，乔氏对其家眷也是百般照顾。过了几年，恰遇光绪帝、慈禧太后先后驾崩，大赦天下，这个家仆被减轻罪刑，保释出狱。1914 年金永任山西巡按时，意欲勒索乔家，又旧事重提，传拘乔映霞。映霞不得已逃往天津租界。在此期间，他信奉了基督教。映霞原配程氏，难产身亡，继娶杨氏，

乔氏祠堂

位于大门甬道的最末端，装饰富丽考究，其上匾额“绳其德”为李鸿章所题，意为劝人向善积德，注意操行。

生子健，但杨氏不久病逝，映霞失去爱妻杨氏，恸哭流涕，日思夜想，发誓不再续娶。但是映霞在津偶然与刘菊秀邂逅相遇。刘氏天津人，协和医专肄业，护士。映霞在天津因微疾入院，与刘相识后成婚，生有一子，共同生活了五年。因个性不合，感情裂痕越来越大，最终分崩离析。不完满的感情生活对映霞打击很大，也备受当时媒体的关注。他痛不欲生，曾经跳楼自杀，致使踝骨断裂，落下瘸腿的终生残疾。

从乔映霞的婚姻故事中，可知民国初年乔氏资产尚多，不过丰厚家财并不等于乔映霞就能拥有幸福美满的婚姻。

四、乔映奎——民国时期的掌门人

乔映奎，字星斋，为景俨之子。映奎仪表堂堂，身材魁伟，个性开朗，是民国时期在中堂的掌家人。在他执掌家务时，在中堂的人口日渐增多，住房显得紧张，于是继续购买地基，向西延伸。到民国十年（1921）以后，在紧靠西南院的地方起建新房，就是现在所谓的新院。新院的窗户式样有了改观，同时还注重了采光，窗户全部安装上大格子玻璃，室内光照充沛。窗户上的装饰仿照了西洋样式，美观大方，别具一格。同时还修建了祠堂。院内的迎门掩壁砖雕更为精致，掩壁中间是侄女婿赵铁山用隶书体写的《省分箴》，这是一件不可多得的艺术珍品，显示了乔家更加注重建筑工艺中装饰的美学格调。

乔映奎曾任过本县 36 村联防董事会会长，也是祁县的巨绅之一。他办事圆滑，顾全大局。因为他能为百姓办事，故当时 36 村的村民联名赠送一匾额，匾上写着“身备六行”，就是奉称乔映奎本身具备了处好人际关系的孝、友、睦、姻、任、恤六个方面。其实无非是为了借其威而求其财，遇到村里有什么摊派，可以捉他这个大头，让他多出些钱，其他人少出些或不出这个摊派而已。而映奎则以为他真的具备了“六行”，于是飘飘然起来。当各村联合排着队，打着锣鼓把匾送到乔家时，映奎竟然要把匾挂在祠堂上，结果被众兄弟拦阻，只好挂在大门之内。在联防队把匾送来时，他对联防队说：“小子何德何能敢备六行（xíng）？这不过是乡亲们取笑我家有六行（háng）罢

◎ 乔家新院掩壁《省分箴》

由著名书法家赵铁山所书。全文讲说世界万事万物皆出于自然，只有顺应自然规律、不贪得无厌，才会有好结果。

了。”故意把行（xíng）读作行（háng）。在 1942 年抗日战争最困难的时候，日寇的经济封锁和强化治安给抗日工作造成很大困难，乔映奎出于抗日爱国，便把他家里藏放的枪支捐献给了祁县南山的抗日游击队，为抗日做了点贡献。他娶大德恒内掌柜渠元甫的胞妹渠氏为妻，生育五女而乏子息。虽然在民国七年（1918）生过一子，但存活不久就夭折了，因此过继了映元的第三子承嗣。他一生中大部分时间主持家务。太原有私房，但没有在外长期居住。后病故于祁县老家。

第三节 信义为本 经商有道

乔家在商业和金融业上的巨大成功，与其具有鲜明晋商特色的商业准则是分不开的。守信誉、重情义、重人才的思想铸就了这个庞大的商业帝国。

关键词：信 义 人才

一、以信立商

乔家在商业和金融业的经营活动中总是本着以信誉扩大影响、以信誉立足商界、以信誉求盈利的指导思想，绝不做投巧渔利的一锤子买卖，更不做玷污字号招牌的勾当。即便赔本也笃守这一信条。因此，乔东家和掌柜坚决杜绝所属字号存在偷奸取巧、坑蒙顾客的行为。如有违反号规，一经发现，严惩不贷。据说，清末的一年粮油歉收，油价直线上涨。乔家复盛油坊从包头贩运了大批胡麻油往山西销售。经办此事的伙计想乘机取利，便暗下黑手，以次充好。谁知“东窗事发”，被掌柜发觉，勒令追回所有假油，重新换售质量上乘的新油。这位一心投机取巧的伙计也被炒了鱿鱼。复盛油坊虽然错过了这次油市的良机，蒙受了一些损失，却赢得了客户的信赖，近悦远来。乔家“复”字号重合同、守信用的美名不胫而走，省却了一笔可观的广告费。乔家之所以如此，并非沽名钓誉，“宁亏不伪”是其多年经商的独特经营作风。

包头城内还流传着乔家“复”字号“大斗卖出”的商业传奇。面食是北方人喜欢吃的主食，平时销量很大。有些不法商人在秤杆上做手脚，在顾客面前秤杆翘得高高的，好像分量很足，可实际上缺斤少两，百姓们对此愤愤不平。这时，包头城内传来好消息，百姓们炸开了锅，说“复”字号卖出的一斤白面，回家一称就变成了一斤一两，实际是“复”字号多给了一两。霎时间来“复”字号买面的人蜂拥而至，包头城百姓几乎全成了“复”字号的忠实顾客。正是这“买一赠一”的营销良策使乔家“复”字号稳稳地占领了包头的面粉市场。

复盛油坊换油保诚信

乔家宁可损失大量的银子也不愿让信誉受损，这为乔家商号赢得了美名。

二、合作重情

乔家在商业经营中，对于合作伙伴的选择也有自己的准则。在选择合作伙伴时慎之又慎，要观察品验其诚信度。如确定与其开展业务往来，就会善始善终。在商业共处中，也会给以多方支持，有难同当，有福同享。其指导思想是“宁舍银钱，不结冤家”，“与其把钱花在衙门，不如多交相与相亲”。民国十一年（1922），包头双盛公生意“搁浅”，亏损倒赔，东家杨老五欠“复”字号白银六万两无力偿还。若乔家诉诸官府，必致其破产倒闭。但乔家并没有催债之意，认为与其把钱花在衙门里，不如花钱买个厚道，加深友情。所以，负债累累的杨老五来乔家谒见，给乔映霞跪下磕了三个响头，六万两白银的欠款一笔勾销。这类事件在乔家各字号并非罕见。大顺公绒毛店欠复盛公大洋一千，仅还了一把斧头、一个箩筐。广义恒绒毛店借复盛公五万元，仅以数千元房产抵偿。守信誉、重情义的生财之道是乔家立足商界的诀窍。

延伸阅读

"复"字号以其多买卖、厚实力、严号规、重信义的经营之道称雄于包头，几近垄断市场。"近水楼台先得月"，包头商会的成立也是由乔家"复"字号牵头，一呼百应，会长职位也由乔家掌柜轮流"坐庄"，这自然会对"复"字号的生意大开方便之门。

三、广纳贤才

乔氏在商业经营中也很注意网罗人才，这也是乔氏商业长久兴旺的重要原因。如祁县人阎维藩（1859—1949），在平遥蔚长厚票号福

复盛全一拜免债务

六万两白银的债务仅仅磕三个响头便一笔勾销。乔家对合作伙伴的仁厚令人赞叹不已。

◎ 福德祠

既是影壁又是土地祠。主体为“福、禄、寿”三星吉祥图，雕有小鹿、寿山石等。寓意“门迎百寿，院纳福德”。

州分庄任职时，曾为福州都司恩寿垫支白银贿官，总号认为阎氏违背号规，要处置维藩，不久恩寿升迁汉口将军，但维藩因处分之事不快，已决意辞职。乔致庸得知消息，认为阎氏善于交结官府，又是个经营人才，派其子学仪专程途中截迎，礼聘阎氏为大德通票号总经理，许全权处理号事。阎氏为报答乔氏知遇之恩，殚精竭虑，苦心经营，使乔氏商业获益匪浅。乔氏为其商业之繁盛，一直注意交结官府。乔映霞就认为花钱捐官买来的只不过是死后铭碑上的殊荣，并无可骄傲之处，而花钱结识权贵则可作为经商靠山。如果某官在官场失意，又可另外交结新官吏。也就是说前一个靠山倒了，还可找新靠山，使商业经营不受影响。乔氏交结权官，上至皇室亲贵，下至州府县吏，四方笼络，八方疏通。光绪以来，陕甘封疆大吏、山西巡抚道员，几乎都与乔氏的商号在经济上有交往。庚子事变，慈禧西逃，途经山西时，乔氏大展交结官吏之能事，使慈禧行营设在其所办票号祁县大德通总号，又出借给清廷40万银两，以解清廷西逃财政拮据

“福种琅嬛”匾

慈禧太后所赐，意指神仙洞府，多福宝地。

之急。清廷当然也是“投之以桃，报之以李”，此后对乔氏商业多加关照，又让山西巡抚丁宝铨将“福种琅嬛”匾赐于乔氏，乔氏商业也得以借此大壮声威，扩大了影响。

四、乔家日暮

乔氏家族的衰败，是从清末清政府设户部银行开始的。当时乔氏票号业务多被官办银行“撬杠”，公私存款大幅度减少，乔氏不得不把票号改组为钱庄。辛亥革命时期，随着清王朝的灭亡，原依附清王朝的乔氏商业大受损失。1926 年冯玉祥军队向北撤退，饷粮皆由包头商号垫支，摊派极重，乔氏“复”字号因此损失粮食五万石，现洋 150 万元，元气大伤。1937 年日军侵占包头，乔氏“复”字号当铺、钱铺均被日伪组织接收。抗战后，乔氏商号复业，也仅仅苟延残喘，到新中国成立前已是奄奄一息。

第二章

金融大亨　太谷曹家

人世间有一件奇珍异宝——金火车头钟，其由黄金、白金、乌金、水晶等材料制成，重达40多公斤。其昂贵的身价还在于制作的精巧，当时针指到正点，车顶上的白金铃会自鸣报时。此宝还镶有晴雨表，预报天气变化。更叹为观止的是，这辆火车头是按当时的蒸汽机车头设计，只需将水注入车上的汽缸，烟囱就会冒出蒸汽。它的发动机乃是齿轮发条，发条上紧后，就会在1.5米长的轨道上来回跑动。此宝价值连城，出处却颇有争议。一种说法是此宝原藏于圆明园，八国联军攻占北京时，一些内宫太监宫女带出不少奇异古玩，私下转手倒卖，金火车头钟就是其中的一件。一种说法是明清法国富商与晋商交往密切，特赠此钟以示商业交易中的诚意。另有说法是，在八国联军入京，慈禧太后与光绪帝西逃途中，太谷曹家护驾有功，慈禧太后御赐嘉奖。

关于金火车头钟的来源众说纷纭，虽没有武侠小说里“寻宝”的曲折惊险，但是有一点可以肯定，金火车头钟是太谷曹家所拥有的一件珍宝。这件奇珍异宝足以显示出太谷曹家的身份地位。外国人曾将太谷称为“中国华尔街”，而当地人则以“小北京”“金太谷”美名称之。明清时期，太谷就出现了白、孙、孟、孔、赵、武、王等“大哥大”，曹氏后来居上，一跃成为太谷首富。

第一节　淘金关东　发家朝阳

曹三喜勇闯关东，由经营豆腐起家，卖杂货，办商号，在自身不断发展壮大的同时也成就了朝阳地区的经济发展，留下了“先有曹家号，后有朝阳县”的美名，成为显赫望族。

关键词：闯关东　三泰号　商业网络

一、初创家业

太谷曹家祖籍太原县花塔村。明初洪武年间，始祖曹邦彦是一个推着独轮车的小贩，经常到北洸村一带来卖砂锅，看到这里地肥水美人也好，就携全家老小迁到此，背负青天，躬耕垄上，过着面朝黄土背朝天，半糠半粮苦煎熬的生活。

冬去春来，夏逝秋至，曹家几代人虽竭尽全力、不辞辛劳，但生活仍然不见起色，苦熬在温饱水平线以下。直到曹家第十四代曹三喜时，祖宗们留给他的是舍寒灶冷、贫困潦倒。曹三喜面对残酷的生活现实，毅然背井离乡，做了闯关东的盲流，寻找创业契机。

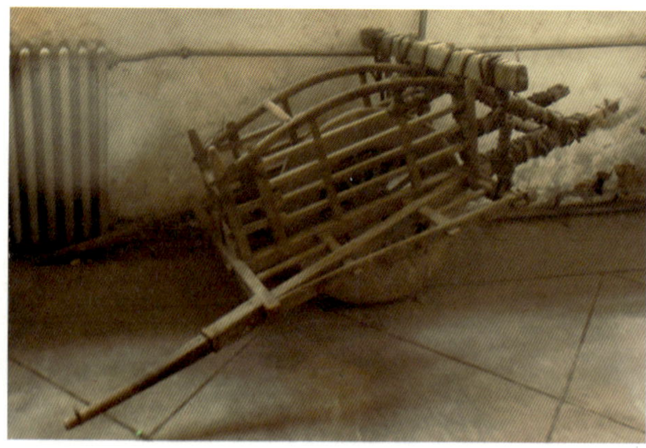

货郎鼓和独轮车

当年山西商贩走街串巷所用之物。曹家先祖用的便是这一类。

闯关东的最初目的是挖人参。清政府为了方便管理，每年会发放参票。由于闯关东者求财心切，出现了许多违法采挖的行为。于是，官府将挖人参的长白山圈了起来，不准外人进入，否则处以重刑。因此，曹三喜漂泊的脚步停在了东北热河省的三座塔村（今朝阳县）。他在这里“安营扎寨”，开始了白手起家、艰苦创业的历程。

初到三座塔，曹三喜仍以租地种菜维持生计。东北的肥田沃土不负三喜的辛勤汗水。几年之后,他手头便略有积蓄。曹三喜用他的“第一桶金”，伙同他人，干起了豆腐生意。豆腐生意虽小，本微利薄，但在曹三喜的苦心经营下，却越做越活，颇有起色，生意日渐兴旺。正当曹三喜试图扩大经营之际，其合伙人见利忘义，毅然“单飞”。在分配经营财产时，二人因不识字、没有账簿记录，因清算资产不均而发生争执，诉诸公堂。官府见三喜是外乡人，势单力薄没什么后台，便“劝说”他以吃亏了事。曹三喜憨厚老实，在压力之下，委曲求全，答应“了事”。强者面对挫折，不仅不会心灰意冷、丧失志向，反而会更增强他的坚韧和信念。曹三喜加倍努力，巧为经营，很快又将生意恢复如初。而分出的那部分生意因经营不善而濒临倒闭，不久便将摊底转让给了三喜，从此曹氏创立了自己的商号——三泰号。三泰号以经营豆腐为主，兼营杂货，它是曹氏家族的第一个商号。从此曹氏家族根基日益稳固。清

三友座镜

曹家珍宝之一，因雕有松、竹、梅岁寒三友得名。镜面是一块大理石，其纹理形成天然水墨山水图。

延伸阅读

三多堂展出有清代大书法家赵铁山的40余幅书法真迹、形意拳发展史、根雕艺术展、太谷宫灯展以及太谷县史等展览。现在正着手复原西侧的曹家花园，开辟一处休闲场所。

朝乾隆年间，三座塔村改制为朝阳县。朝阳县在锦州西北，为辽东通往蒙古的要道，兵家争夺之地。曹三喜及其后代在此艰苦创业，努力经商，相继办起了“三”字商号：三隆永杂货庄、三隆皮局、三庆烧锅、三泰号钱庄等。曹氏家族的经商创业成就了朝阳地区在明清时期的经济发展，曹氏也因此成为此地区经济基础的主要奠基人。在曹家商号的影响下，迁居朝阳县的人口日渐增多，经济也相应发展，金融秩序建立，就连喇嘛教也逐渐传了进来。民谚中流传着“先有三泰号，后有喇嘛庙”“先有曹家号，后有朝阳县”的说法，可见曹氏家族商业之显赫。

金火车头钟

曹家珍宝之一，做工精巧，用料珍贵。原为法国献给乾隆皇帝的礼品，后归曹家所有。

二、兴旺发达

曹三喜有两个儿子和三个孙子，都有着经商的遗传基因，加之曹三喜管教严格，精心培养，曹氏蛋糕越做越大。商业日新月异、蓬勃发展，小小县城无法满足曹家急剧膨胀的商力。曹三喜立足于发祥地朝阳，手伸到赤峰、凌源和建昌，“触须”及于沈阳、锦州和四平街（今老四平）等地。当时的关

曹家庭院

华美的庭院体现出曹家的雄厚经济实力。

外七厅随处可见曹家开设的杂货、典当、酿酒和银钱字号，其实力之强在东北地区首屈一指。

道光、咸丰年间，曹家已“羽翼”丰满、运用自如，进入了鼎盛阶段：640座曹家商号和37 000余名雇员以太谷为中枢辐射全国，星罗棋布于各大商埠，形成自己的商业网络。当时，已拥有资本1 000余万两银子的曹东家由于分号太多，竟连所属字号到底有多少也不清楚。因此，一些人浑水摸鱼“搭便车”，假借曹家名义借贷经商，利用曹家信誉为自己的商品销售“鸣锣开道”。

曹家商号之多难以计数，仅在大本营太谷就有砺金德、三晋川、用通五、宝泉聚、锦泉汇、振元溥、誉庆和、锦生润、彩霞蔚、锦霞明、锦丰泰、锦丰庆、锦生蔚等10余个字号。由此可见其规模庞大与实力雄厚之一斑。

三多堂

三多堂，曹家大院名称，取多子、多福、多寿之意，寄寓着曹家主人的美好愿望。

第二节　曹家庭院　保存至今

曹氏家族庞大，分为七大堂，各堂人丁兴旺，又有分支。其中一支的三多堂最为有名，在创造了商业神话的同时也流传下了雄伟的大院，成为晋商昔日辉煌的一处缩影，供后人瞻仰感叹。

关键词：曹七合　六德公　三多堂

一、庞大的家族

曹氏人丁兴旺，家族分支较多，最有名的是三多堂。嘉庆年间，曹家掌门曹兆运为七个儿子分别起了堂名吉庆堂、磬宜堂、世和堂、流清堂、德善堂、双合堂、五桂堂，给予每个堂十万两白银，共同组建一个总的管理机构，名为“曹七合”。由于第三个儿子过继给亲戚，因而将剩下的六个儿子合称为“六德公”，取代“曹七合”的名号。

曹家大院

如城堡般高大雄伟的曹家大院尽显豪门气派。

六德公中的老五德善堂，又分别取名承德堂、承善堂、承业堂，合称就是三多堂，寓意多福、多寿、多子。随着商界风云的变幻莫测、家族宗代的繁衍，许多门号随流逝的岁月淡出，而三多堂励精图治，旺盛不衰，成为名噪一时的商业大家。三多堂的称呼流传下来，三多堂的院落也保存至今，成为晋商大院旅游景点之一。

二、壮观的三多堂

三多堂位于北洸村东北角，外观雄伟高大，形似城堡，与四周低矮的民房形成鲜明的对照。宅院总占地面积 10 638 平方米，建筑面积 6 348 平方米。宅院坐北朝南，分南北两部分，东西并排三个穿堂大院，连接三座三层 17 米高的楼房，内套 15 个小院，现存房舍 277 间。整个建筑雕梁画栋，龙楼凤阁鳞次栉比；信步廊庑迂回，举目檐牙高啄，好一座庞大气派的豪门宅院！楼顶还建有三个亭式重楼，飞阁凌空，是曹家护院家丁巡逻之地，也是主人举杯邀月之所。建筑造型酷似古代祭祀用的牛、羊、猪头像。当清晨雾气霭

霭之时，或黄昏暮色茫茫之际，站在远处观赏，三座顶楼和整个建筑一起，酷似三头庞大的牛、羊、猪。这种追新逐奇的建造意识，给宅院平添了几分辉煌和神秘。

三多堂的北面院墙长达 66 米，高达 17 米，像铜墙铁壁似的，与其说是为了挡去凛冽的北风，不如说是为了保护万贯家财，提防强盗闯入。内院的门纷纷开在东南角上，浪漫的人猜想主人是想享受第一缕阳光的温暖，而真实的寓意要世俗得多——“抢阳”，生意人把金灿灿的阳光当作商铺里的金银来看待，不能不叹服他们丰富的想象力！

三多堂内建了一个长达 66 米，宽 4.5 米的石甬道。甬道南面为外宅，北面是内宅，由三

延伸阅读

三多堂翡翠羽毛镜是乾隆时制品，用越南翡翠鸟羽毛贴制而成。翡翠鸟的羽毛十分珍贵，富贵人家妇女耳坠或发簪如贴上一点，就会觉得身份高贵了很多，但这个镜子竟全用翡翠鸟羽毛贴制而成，价值可想而知。这面镜子现在已历经 200 余年，但色彩仍艳丽如初。

◇ 亭式重楼

三多堂主楼足有 17 米高，上面建有亭榭供人休憩。登高俯瞰，胸中豪情顿生。

三多堂内宅

高大的主楼、模仿宫殿建造的九级台阶，无不体现出曹家的富贵。

座主体建筑相连而成，老人居东，主人居中，子孙居西。布局严谨的三多堂，恍若规划得井然有序的小城。三多堂的甬道西端，有一个门通花园，门上有一阁楼，供奉着曹家的列祖列宗，亦陈列着曹三喜曾经使用过的推车、砂锅、打狗棍、扁担、石磨、豆腐筐等。与这些实物配套的还有“先祖遗训”，或者可以称为曹三喜语录：“以继承商业为己任”“堂堂正正经商”等。可以想象，曹三喜的子孙们不知多少次向锦衣玉食的后辈讲述着一个农民的发迹史，以及这个先祖俭朴的生活作风和强烈的进取意识。

三多堂的主楼气势不凡，厚实高大的地基，让人攀登五级甚至九级台阶才能登堂入室，这种私下里享用宫殿的感觉，真可谓煞费苦心！主楼四层本来就够恢宏了，上面还筑了飞檐翘角的亭榭。闲暇时来此凭栏远眺，这远处的凤山、近处的北洸村舍和四野田畴，都成了三多堂华美的陪衬。作为千万富翁的自豪感，恐怕只有在这样的登临中才能达到高潮。

第三节　商业运营　晋商缩影

商界风潮起伏、赔赚无常。曹家家族在数百年的商海沉浮中能立于不败之地，是由于在长期的商业生涯中形成了一套独特的管理方式。曹家经营管理模式也是晋商的缩影。

关键词：掌柜　宝塔式　钦差　信息

一、善用将才

曹家财东对执掌字号的掌柜人选慎而又慎。俗语说“千军易得，一将难求”，东家在遴选掌柜时都亲自明察暗访物色人才。被荐举之人即使有介绍人保荐说项，也要经多方考察才做定夺。当确认此人精明强干、有守有为、经验丰富、能守善攻，足以担当起运筹帷幄、决胜千里的掌柜一职后，便以重礼相聘。受聘人经过观察，确信东家豁达大度、可以信赖，遂就经营方向和办法尽陈己见，彼此磋商。如果双方所见略同，合作即告成功。东家将资本如数托付掌柜全权处理后，自己格外“省心”悠闲。只等账期分红，按财股即可坐享红利。掌柜一旦走马上任就“权倾朝野”，拥有号令“三军”的无上权力。各伙友皆须听令于“帐”下，由其调遣。凡用人标准、延揽人才、赏罚伙友、人员进退、经营方向、资金调度、业务扩充、收揽存款、发放贷款等均由掌柜负责。

当年太谷曹家在沈阳开设富生峻时，掌柜领取本钱七万两设庄开业，但出师不利，本钱尽损。掌柜向曹财东报告亏赔经过后，东家认为理由充足，不仅未予责难，反倒好言抚慰并问他是否还敢再干。掌柜既得信任，遂又复领资本，再度出征。孰料运交“华盖”，还是赔累不堪。曹东家倒也真有些“韧性”，竟三托资本令“败将”再战。受重托三度出征的掌柜深知这第三次资本的分量，于是深究细研屡战屡败的经验教训，改变经营方法，励精图治，不但赚回了前两次的亏赔，而且战绩显赫——以其盈余在四平街开设了富生泉、富生城、富生长、富生义四号，从此一发而不可收。严格的号规、财东的信任、经营权和所有权的分离，使掌柜们既无后顾之忧，又“享受”了放手经营的“乐趣”。随着他们“能量”的尽情释放，字号盈利自不待言。

延伸阅读

晋商曾经这样概括财东与掌柜之间的关系：“苟非人力所能制止而丧失资金，财东不但不责经理（即掌柜）失职，且加慰勉，立即补足资金，令其重整旗鼓。”

二、系统管理

“曹家军”散布于全国各大商埠，多达 37 000 余人。规模宏大，人员繁杂。而商界起伏无常，变化莫测，上上下下、大大小小的问题若不及时处理，损失自难避免，甚至可能“翻船”。东家和掌柜本领再大也无分身之术，更不可能事必躬亲。为了令出即行、有效管理，号令“三军”的总号掌柜采取无为而治之策：下放权力、分级管理、层层制约。将各分号的经营管理权柄“拜托”给各分号掌柜，由他们根据行情广设分店，使商号之间形成带有集团性质的宝塔式管理系统——总号辖分号，分号管分店。

曹家砺金德、用通五、三晋川三大庄各有系统，互不干涉。用通五分管东北各号，三晋川包揽山东诸店，砺金德专司太原、潞安及江南各号。砺金德所属的绸缎批发庄彩霞蔚又“节制”黎城瑞霞当、榆次广聚花店、太谷锦生蔚和张家口的锦泰亨。锦泰亨则将“触角”伸向库伦、伊尔库斯克、莫斯科等地。各分号、分店等级森严。遇有要事需决断者，不得“越级”，只能向上一级掌柜请示、汇报，由其当机立断、就地解决。

延伸阅读

正所谓“无规矩不成方圆”，晋商的经营能够长盛不衰和其拥有严格而完善的商号规条是分不开的。从大方向的经营原则到小学徒的工作休假，事无巨细皆有规定，而且做到令行禁止。用当时晋商的话来说，就是“凡事之首要，箴规为先。始不箴规，后头难齐”。

为了了解下情、增强“威慑”，曹家各商号都驻有“钦差”，监督号事。各级“钦差”均由上一级商号中精明干练、忠诚可靠之人担任。这些“钦差大人”驻到各地，去巡视、督察、检查情况，但不能越俎代庖，干预各商号的日常业务，只是“赋闲”号内、“冷眼”旁观，若发现商号中的掌柜有贪污受贿、作风不良的行为，或掌柜间闹意见，影响生意，“钦差”有权处分、调动，可以说这“钦差”相当于现今的纪检委书记。即使分号人员各有“靠山”，但慑于“钦差”的“尚方宝剑”之威，对此也无可奈何。

三、注重情报

搜集、分析、鉴别和运用信息，及时捕捉战机是曹家兴盛发达的一条成功之道。能否及时获得商业信息和市场行情直接影响盈亏甚至决定成败，所

砺金德账庄旧址

曹家掌管山西及江南各商号的总号。

以曹家商号上下人等都十分重视信息情报，并以此作为晋升受奖的一个条件。

一年秋天，太谷曹家派驻沈阳富生峻商号的梁掌柜坐大车由关外回家省亲。看着一望无际、茎高穗大、长势茂盛的红高粱，他认为秋后必定丰收在望，粮价必跌。孰料在高粱地解手时随手折断几根，竟发现茎内均有蛀虫，遂断定丰收无望，行情必变。于是打消归乡之行，折返沈阳，连夜大批进货，购买高粱。这时其他各号均为丰收在即的假象所惑而纷纷抛售。等到将近收获之际，虫害泛滥，收成锐减，高粱市价陡然暴涨。众商家决策失误，后悔莫及，只能眼睁睁看着大把大把的银子涌入富生峻的大门。

正是由于曹家商号对信息情报的重要性有足够的重视，才使他们能够知于前，行于先，而且得益匪浅。至于那些“闭目塞听”、姗姗来迟者自然只能屈居其后，打扫“残羹”。

第四节　争奇斗富　日薄西山

在封建时代的中国，豪富们为了显示富有往往相互攀比，将大把的金银“浸注”于修宅建院，似乎不如此便显得“寒酸”，与其殷实不称。而他们的生活更是极尽奢华之能，什么山珍海味、绫罗绸缎、金玉珠翠之类只是寻常，令人咋舌不已。

关键词：斗富　时局混乱

一、穷奢极侈

太谷曹家除了修建寿字形布局的三多堂，还于清咸丰三年至八年（1853-1858）以及光绪二十五年（1899），在太谷南山浒泊口山峁之上，花巨资苦心营建了一座名为“青龙寨”的避暑山庄。这青龙寨三面全是悬崖峭壁，只有一条路可通；开设一道唯一的大门，门前有渠沟、吊桥、护城河，

曹家“青龙寨”避暑山庄遗迹

当年曹家耗巨资所建，奢华无比。后毁于日寇侵华的战火中，现今只余下断壁残垣。

四周石墙壁立，外有壕堑护持。内外之间仅以吊桥相通。易守难攻，宛如城堡。至于城堡之内，则庭院错落有致，假山、亭榭、曲径、鱼池交相辉映，巧夺天工，别有洞天。1937年日本人攻入太谷以后，这里便成了太谷乡绅富豪的避难所。1942年被日寇发现，毁于一场战火，里面的木结构全部被烧毁，只留下1米多厚的城墙和窑洞式的房屋。

因为富有，追求奢华时尚的生活也成了曹家一些子孙的目标。为了装点门面、附庸风雅，曹氏子弟在巡游南北各地时，广收奇珍、名家书画。各地商号的掌柜也投其所好四处索求，仅收藏的名人书画一项就价值百余万元。每逢过年过节，曹家专办京广苏杭纱罗绫绢的彩霞蔚绸缎庄都派一干练伙友将各种时兴绸缎带入内宅。专任裁缝则根据曹家男女老少各自所好，量体裁衣，以满足其争奇斗富之心。为了显示高人一头，曹家不惜用高薪聘请“名士”，为其代写书信。就连商号的春联也要求必须在文词、书法上压倒太谷城内其他商号。

民国初年，曹家便购买了小汽车，在当时省城太原府的达官贵族还坐着四轮马车的时候，太谷乡间小路上已有冒烟的“电毛驴”了。阎锡山得知后特别眼红。曹家的财富实力可窥见一斑。1923年，曹家从国外购回一台发电机，全院全部串上电灯。曹家的一位姨太太为了显示豪华富丽，便过起了阴阳颠倒的生活，就是白天睡觉，晚上八点起床吃饭，十二点吃午饭，

延伸阅读

三多堂还有一件珍宝值得一提，那就是大理石镶成的“百寿大屏风”。这扇世所罕见的用92块天然花纹大理石镶成的“百寿大屏风”，后部有上下各50个不同字型的“寿”字和三代帝王师祁寯藻摘录古代十七位学者告诫后人的真迹文章。一百个寿字和文章均用阴刻手法刻于其上，又以金粉涂之。

曹家珍宝翡翠鸟羽毛镜、百寿大屏风

曹家珍宝众多，每一件都精美绝伦、价值连城，令见者为之惊羡。

早上六点吃晚饭，那等于告诉人们，白天我们同在一个太阳下，而到了晚上你家是黑漆漆的一片，而我家却是灯火通明的不夜之城。曹家奢靡成习、竞相斗富，这是封建大家族没落的预兆。

二、曹家衰落

曹家兴旺发达三百年，荣华富贵十代人；在晋商的历史上留下了最为光辉的一页。但随着社会的发展、国内外政局的演变，曹家商业也逐渐衰落下来。庚子年（1900）后，清政府建立国家银行，私人钱庄、票号被挤垮。1911年国内爆发辛亥革命，清政府倒台，各省独立，并开始军阀割据，国内政治、经济及社会秩序混乱不堪，对晋商经营有很大影响，多数商号倒闭。同时，俄国爆发的革命导致曹家在国外的商号彻底覆灭。但最主要的是，日本侵华时攻入太谷后，慕名到曹家花了两天时间，用了四十多辆大卡车，将其洗劫一空，给本以残喘的曹家致命一击，致使曹家彻底破产。以上都是客观原因，但也有一定的主观原因。曹家经商到了后期，经营管理缺乏人才，经营方式守旧，跟不上时代的发展，且曹家后代忘记了祖先创业的艰辛，生活骄奢淫逸、腐败不堪，于是显赫数百年的曹家从此一蹶不振。

曹家珍宝翡翠白菜

每一位三多堂游者可能都会有一种波澜起伏的心情。当你步步深入那深深庭院，了解当

曹家甬道

偌大的家族早已成为历史，只留下华美的院落诉说着昔日的辉煌。

年庭院主人的辉煌家业，瞻仰了曹家珍藏的稀世珍宝，心中油然而生的是一份震惊与艳羡。然而，当你走到那段历史故事沉重的结尾时，又不禁慨叹偌大的一个家族最终竟会一败涂地，仅仅给世人留下这尘封着惋惜和遗憾的砖与瓦，不能不让人怅然。

第三章

世袭皇商　介休范氏

有的史学家喜欢把晋商中的“外贸世家”分为两大帮派：驼帮和船帮。驼帮就是以骆驼为主要运输工具，进行长途贩运的纵横国内外的晋商各大商号；船帮则是以木船为长途贩运工具。最典型的船帮代表就是介休的范氏家族。

素有“塞上皮都”之称的著名塞外商埠张家口，始建于明朝，位于直隶宣化府万全县境内，是明朝与蒙古贸易的五个边市之一。张家口是长城内外交通要道的咽喉，它与杀虎口遥相呼应，均为旅蒙晋商必经之路。每年春末夏初，张家口“皮来茶往”络绎不绝。南方茶叶运到张家口后，分别进行分类、加工、装箱、加固，尔后用骆驼经“买卖路”转运至库伦和“买卖城”。随着对俄蒙贸易的扩大，张家口日臻繁荣、商贾云集，孕育出一代财巨势大、各领风骚的“八大皇商”。其中脱颖而出的范氏家族集团的总部就设在这里。

第一节　皇恩荫庇　三代创业

早在清军入关前，范氏家族就通过边境与满族建立了稳定的关系。作为“八大皇商”之一，范家在边贸、军备物资贸易上大显身手，既获得了丰厚的经济利益，又受封高官，获得了很高的政治地位。

关键词：皇商　运军粮

一、崛起的皇商

范氏家族的领军人物是范永斗。在长城一带边贸活动中，范永斗与“辽左通货财，久著信义”，因而发了大财，被公认为对满蒙贸易的汉族大富翁。满族入关之前，十分注重边贸经济。以辽东的人参、貂皮、东珠等特产换取中原的粮、布、茶、金银、绫罗等生活用品。满族与明王朝对峙，企图问鼎中原时，范永斗等商人通过边贸大营——张家口为清军解决了部分物资军备。范永斗在这些贸易中也大获其利，而且在满族方面建立了稳定的人脉关系。

范毓馪像

范毓馪，字芝岩，别字绍文，是范家继范永斗之后最杰出的经商人才。他一手将范家商务带入鼎盛时期。

满族入关以后，不忘旧情，将范永斗召至京城，命令其充当内务府皇商，并赐产张家口为世业。从此，受到清廷垂青的范氏家族穿上了“黄马褂”，成为以张家口为中心进行商业活动，并每年采办内务府物资的皇商之一。在范永斗穿上“黄马褂”的同时，王登库、靳良玉、王大宇、梁嘉宾、田生兰、翟堂、黄云发等七人也都获此殊荣。在史书中，这八大皇商是明末清初晋

商的骄傲，而范永斗这时排名第三。

最初，晋商八大皇商还能“各显神通”，来往于关内外，每年还有出色的效益。时间一长，由于各种复杂的原因，除了范氏家族的金字招牌尚未褪色以外，其他七路“神仙”的后传无法续写，都已销声匿迹了。

范永斗的儿子范三拔一直协助父亲经营，之后他继承了范家的“黄马褂”，把范氏家族带到了一个新的发展阶段，成为内务府皇商中最得力、最受宠的一家。范三拔在边境经商年代不短，担任内务府职的时间并不长，两三年后，得了疯症回家。年仅二十几岁的三子孙范毓馪继承衣钵。

二、运送军粮立大功

范毓馪，字芝岩，别字绍文，少年时代就很有文才。年少时随父亲在边塞奔波，而且颇有心计，所以对边境地带和蒙古范围的人文风情、商业地理非常熟悉。他头脑聪慧，心地善良，处事干练，交友诚实热心。虽然年纪不大，但在塞上已广为人知，连蒙古头领对他也十分佩服，被蒙古贵族称为“魁杰才”。范毓馪把范氏家族的商务推到了登峰造极、锦上添花的境地。特别是在运送军粮、与日贸易中，他的才华展现得淋漓尽致。

先说运军粮一事。康熙五十九年（1720），准噶尔部再度发动事变。军队远征，所经之地，茫茫黄沙，荒无人烟，军粮供给成了关乎这次远征成败的关键。康熙鉴于三十五年（1696）和三十六年（1697）御驾亲征的教训，正为此事犯愁。运粮艰难暂不说，运粮官吏层层舞弊，运 1 石米竟然需要

晋商驼帮 1

晋商的驼队正来往于关内外。

晋商驼帮 2

范氏家族是从事边贸的大商贾，其驼队常年来往于长城内外，获取了丰厚的利润。

120 两白银，即使动用如此高额的运粮代价，也难以保证按时如期供给。范毓馪闻此消息，依仗自己对塞外路途的熟悉，经过精心筹算，与四弟范毓䭾联名请奏，要求自费办售军粮。康熙龙颜大悦，准请。范毓馪经过筹划核算认为，运 1 石米之价，只需白银 40 两足矣，是官吏们运粮价格的三分之一。于是，在十余年的征战中，范氏皇商克期必至，尽职尽责，不仅运送粮秣 100 余万石，而且所有运粮的价格都以 40 两白银计算，节约国库运费 600 余万两。粮饷得到保证，清廷大将如期率兵进入吐鲁番，牵制住事变的兵力，然后，得以护送达赖六世由青海入藏。在用兵准噶尔时，范毓馪得到管理户部事务的怡亲王允祥的举荐，命其兄弟肩负运输北路军粮的重任。此次用兵中，范毓馪兄弟辗转沙漠万里，常遭敌人袭击，但仍然出色完成任务。在雍正九年（1731）对准噶尔用兵时，范毓馪在路途中中计，全军溃退，损失谷米 13 万石，但他还是谢绝了雍正准其“据实报销”的恩赏，再拿出 144 万两白银补运亏损，全力支持朝廷。清廷对其他承担运给军粮的运户追索多付的运费，但各路运户均将所领的运费花尽，范毓馪慷慨解囊，为各路运户补交 400 万两白银，由此可见范氏家族的富裕程度。清廷为褒奖范氏兄弟在西征平叛中的显赫建树，赐毓馪太仆寺卿，赏二品顶戴；赐毓䭾布政司参政；毓𡹯也由武举历任守备、参将、副将、总兵等职。就连毓馪之子清洪、清柱、清澳、清沂等均博取功名，位居显宦。从此，范氏皇商兼获高官，名噪一时。这在清朝近 300 年的历史中也是罕见的。

第二节 跻身皇商 贩盐巨族

范氏家族跻身八大皇商之列，又在国家平叛之际表露了自己的“报效之心”，再加上范家子弟多博取功名，这些资源为范家积累更多财富创造了坚实的基础条件。范家最主要的生财之道是在朝廷荫庇下的盐业运销。

关键词：盐商

一、涉足盐业

清代，全国有两淮、山东、河东等十大盐区。自顺治六年（1649），清廷对各产盐区实行“畦归商种”，即将盐池改为由商人经营，而产品由官府通过“盐引”掌握分配。盐引就是贩盐商人向盐运司购取的支单。初期每引只需缴纳银 4 钱 1 分 6 厘。从康熙二十七年（1688）开始，晋、陕、豫“三省引地陆续招商包运”。运商包销后，引盐倍增。

从范三拔开始的盐业经销，每年除了缴纳高额盐税之外，还要另外上交内务府白银 2 万两之多。当时称之为“引窝银”，实际上就是买来盐引的资金。作为山西人，范氏是河东盐区的大股东之一。河东盐区分布在晋南的解州、安邑两县范围之内。而范家销盐的主要市场在潞安（今长治）和泽州（今晋城）。潞安以生产“潞绸”和“潞铁”而著名。泽州则有着丰富的林木、药材、

采盐图

模拟古时热火朝天的采盐场景。正是靠着这样原始的人力采挖，十大盐区满足了老百姓的用盐需求，也造就了富甲天下的大盐商。

盐池

美丽的盐池是百姓生活必需品供应的保障，是国家赋税的重要来源，也是晋商经营的主要项目之一。

粮食等资源。范家在销盐的同时兼做这些特产的贩卖，形成了往返贩货的良性循环，有着极大的利润空间。

二、贩盐巨贾

范家经营的主要区域是长芦盐区，在今河北和天津市的渤海沿岸。按照长芦盐引的制定范围，范家销售的盐应主要集中在河北、北京、天津、河南等 20 个州县，大约要供给 1 000 多万人的食盐。范家在天津、沧州等地设有囤积盐货的大仓库。范家在长芦盐区持盐引 10 万多，按照每引平均 100 公斤计算，每年可以运销 1 000 多万公斤盐。在康熙时代，只有两淮盐务总商安氏、山西平阳亢氏等几位盐商有资格同范氏抗衡。

由于利润丰厚，盐商间的竞争也很激烈。临近京城的河北 8 个州县的盐业行销原本是由一个叫李天馥的人掌握。由于资金周转困难，他拖欠盐税 30 多万两。内务府加紧催缴。李天馥内外交困，濒临破产，曾向范三拔央求告借。范三拔看中了扩大自己“势力范围”的良机，抢先上奏，愿意接手李天馥的销盐范围，并帮助其还债。内务府由此抛弃了李天馥，从此形成了范氏家族在京津地区独霸一方的经营局面。

第三节 东渡扶桑 解决铜荒

“上通朝廷、甲第连辉、各艳当世领风骚，下连市廛、耳聪目明、数千里外无遁情”的范氏家族本为陆路显赫“驼帮”，是怎么转而经营日铜贸易，形成世人瞩目的海上“船帮”的呢？让我们细细分解。

关键词：三晋船帮 日铜 抄家

一、铜荒的由来

明清时期，中国货币仍为千年一贯制的银铜并用：大宗贸易用银拨兑；小额交换则以铜钱支付。在清朝康乾时期，社会安定，经济发展，民间贸易愈趋频繁。繁荣的商业使货币需求量激增，而昔日云南所产的“滇铜”已不敷经济发展和鼓铸制钱之需。开辟铜源成为清廷亟待解决的社会问题。于是，清廷放开“海禁”，把目光盯在著名产铜之地——东邻日本的长崎，试图通过中日贸易缓解铜源告匮之急。这时，以范氏为首，世代为皇恩“荫庇”的一些山西“皇商”应国家之急，呈请办铜。

铜钱

中国历代钱币大多以铜合金形式铸造。在铜料不足时铜钱被铸造商私下作为铸造铜器的原料。

清朝定鼎中原后，山西皇商之所以呈请办铜除其具有官商合一、资财雄厚等有利条件外，山西“铜荒”甚于外省也是一个重要原因。

山西冶铜制器源远流长、历久不衰。太原铜镜、大同铜火锅更是家喻户晓、久负盛名。由于经营铜业获利颇丰，因此各铜器作坊在铜料不足时竞相毁钱铸器以牟利。为了减缓“铜

延伸阅读

明清时期，大同的制铜业已相当发达，其中铜火锅更是以其优良的工艺、精美的造型而闻名天下。可以说它已不单单是生活用品，更是具有浓厚地方特色的艺术品，因而销路极广，成为中外顾客日用、馈赠的佳品。

铜镜

山西铜器自古闻名，工艺精美的铜镜更是家喻户晓。

荒”，杜绝毁钱之源，清廷曾采取节流之策三令五申严禁铸造铜器。规定除三品以上大员可用铜器外，其余均不能使用。三年内必须将所有铜器据实呈报，由官府给价收买。如若不交以私藏禁物治罪。铺户毁钱制器则更在严禁之例。不久又诏告天下：只有一品之家才有使用黄铜器皿的特权。然而收买铜器铸钱仅为一时权宜之计，即使奏效也难长久，必须另辟蹊径，采取开源良策，解救“铜荒”。在此非常情况下一些晋商顺流涌而动，舍弃沙漠驼“舟”，跃登远洋船舶。山西船帮由此应运而生，开始了东渡扶桑的“历险记”。

二、贩铜扶桑

当时隶籍内务府的介休范氏与旅居张家口的乡帮“皇商”呈请专办此项“皇差”，并自请减价交售以报“知遇”之恩。众商所请恰是火候，皇上乐不可支。范氏等人均系经商多年的殷实富户，办理铜务自可不必多虑。仅减价贩铜一项，朝廷一年就可少支出 5 万两白银。如此“报效”何乐而不为？于是圣旨玉玺一落，为范毓馪等人开通赴日贩铜亮起“绿灯”，让他们在各关监督处领银采办，按期完纳。户部与范毓馪等议定：“如税银已收，而监督借端不给，致办铜违期，将监督议处；如商人领银而解铜有迟延亏欠，照例追赔治罪。”1699 年、1701 年、1712 年清政府陆续将芜湖、浒墅关、湖口、淮安、北新、扬州、荆州、凤阳、太平桥、龙江、西新、南新、赣关等宝源局额铜交归范毓馪等人承办，以期解救“铜荒”，平抑日愈腾贵的钱价。

范毓馪领命办铜后立即“调兵遣将”，派干练之人驾巨舟东渡扶桑，不择险易。无论严寒酷暑还是狂风骤雨，均难以遏止其“报效”之心。范家船队一年两次往返于中日之间，出没于险象丛生的惊涛骇浪之中，将丝绸、茶叶、笔墨、书籍以及潞安党参、雁北黄芪等运抵长崎，换取日铜，为中日经济文化的交流与发展做出了贡献。

◎船帮贸易东洋采铜图

晋商船帮漂洋过海从日本贩回铜来解救当时“铜荒”，实为惠国惠己之举。图为商船出海时的情景。

三晋船帮不畏艰险、漂洋过海、采办日铜之举令人敬佩、赞叹。然而茫茫大海变幻莫测、喜怒无常。晴空万里、风平浪静时，碧绿的海水柔似少女与日月辉映。此时泛舟，心旷神怡不亦乐乎？但当风云突变、狂风骤起时，它又一反常态恶浪排空，驾船者稍有不慎便船翻货溺，葬身鱼腹。因此，一般商人均视为畏途，不敢问津。即使经营此业也求尽早退步抽身。最初

延伸阅读

刘光晟，字寅宾，山西洪洞人。刘氏自幼聪颖灵慧，素负经济之志。当他听说“铜斤不给”、清廷招商承办时，便辍笔从商自备资本采办日铜。他南下江淮择友数人，从乍浦出航，漂洋过海运回大量的铜，受到清廷褒奖。

呈请运铜的六家商人中除范氏外，其余五人都相继引退。18 世纪中叶，15 艘贩铜船中范氏独占其五，并先后加添两船，每年办铜 55.5 万余斤，运交六省鼓铸。范氏船商颇重义气，康熙时官办铜铅，有王某亏损 83 万两白银，一次出海意外身亡，范氏则代表王某“按期加额赔补”。

范氏一门子承父业、兄继弟差，经毓馪、清注、清洪、清济等竭尽全力苦为撑持，经营日铜贸易 70 余年。但其所办之铜与清廷年需购铜六七百万斤之数相差甚远。民间钱贵窘况尚未完全缓解。为了摆脱困境，乾隆九年（1744）清廷特准山西招募殷商富户“下海”办铜。于是，洪洞学子刘光晟脱颖而出，欣然领命，一年办铜 50 万斤。为了褒奖刘光晟，乾隆皇帝降谕旨授以三品荫生。

致力于中日贸易以救“铜荒”的三晋船帮以其吃苦耐劳、勇往直前、艰苦创业、义无反顾的晋商精神，为山西商人谱写了从事航海贸易的大海恋歌。

张家口大境门

昔日的张家口城门依旧矗立，只是往来于这里的范氏家族早已湮没在历史的滚滚洪流之中，再也不复当年的风光。

三、风光不再

18 世纪中叶以后，日本铜源告匮，采取贸易保护之策，对办铜商船诸多非难。不仅限制入港船数和每船载铜定额，而且滞留船舶供其役使，致使船大载轻成本增高。清廷这时也严格控制日本人“钟情”的绸缎、蚕丝出口数额，使日铜贸易的拳头产品后源不足，前景暗淡。

常言道“福无双至，祸不单行”。乾隆四十六年（1781）到四十七年（1782）间范氏东渡船舶在驶往日本途中，遭遇飓风，抛弃货物不计其数。船毁人亡时有所闻。

有一次，“范大成一船，人货全倾，亏折成本六万两”；“海潮涨涌，冲没坨盐三万包，折本银三万两……”客观的因素使得范氏家族濒于破产。但是清廷仍不放松对范氏的榨取和利用，以范氏“并无贻误”，“帑项未完”之名，不能“置办倾于勿论”。到乾隆四十八年（1783），走投无路的范氏在天灾人祸的夹击下，被彻底拖垮了，复苏之梦惨遭幻灭。至此，乾隆看到范氏已确无利用价值，丝毫不念范氏家族四代忠君报效朝廷的功绩，将范氏查抄治罪、收产抵债。昔日从张家口升起的商业巨星最终陨落于万顷波涛。以范氏家族为代表的三晋船帮亦由于众商家裹足不前、后继乏人而由盛转衰，退出航海办铜的历史舞台。

因范氏是被抄家，又是乾隆时衰落，时间久远，故原籍遗迹已不复存在。据介休县志办调查，范氏原籍张原村当年有范家街，长近百米，其西段有一院落，有“小金銮殿”之说，可想当时建筑之气派，可惜现已荡然无存。范氏宗祠，在张原村东南角，其建筑已毁，只有一些瓦砾残垣。范氏坟茔现只保存有总兵（范毓馪）坟，存石雕、双华表，直径约一尺五，高达两丈。

第四章

外贸世家　榆次常家

山西外贸世家榆次常家，有着取天下财之抱负、逐四海利之气概，制茗于武夷山，扎庄于恰克图，开拓万里茶路，经销俄国、北欧，绵延二百余年，遂成富甲海内之晋商巨贾、中国对俄贸易之第一世家。常家事业长盛不衰之原委，就在于该族深谋远虑、居富思危，代代恪守“学而优则贾”的家训，源源将优秀的文化人才输送到商界，使其经商集团保证了精英不断。常家纵横捭阖，将儒家思想与伦理道德完美地体现在经济意识与经营活动中，实现了经济理性与道德理性的合一，遂成清代驰名中外之儒商望族。

常家大院是儒商建筑的代表，室内布置十分讲究，处处反映出书香门第的稳重古朴、匀称适宜。室内的琴棋书画、文房四宝、奇花异草、山水盆景，有别于其他晋商宅院。作为儒商宅院，有其独到之处，让人耳目一新。

第一节　车辋常氏　追踪溯源

常氏家族源远流长。自定居榆次车辋村以来，常家三代放羊种地，自力更生，在乡里间博得了好名声。随着晋商渐成气候，常家也涉足商业，经过艰苦拼搏终于富甲一方。

关键词：放羊　打井　德随年进

一、常家先祖

常家庄园北祠堂有这样一副楹联：

问姓起何时溯乐奏承云曾有轩辕宰相，

分支兴此地考年当甘露相传炎汉将军。

榆次车辋常氏家族认为皇帝轩辕氏的主要谋臣常先是华夏常姓的老祖宗，与汉代苏武一同出使匈奴的常惠是晋中平川常氏宗族的先人。山西太谷惠安村，据说就是常惠的奉安（葬身）之地。大概于明成化年间，太谷惠安村常仲林迁往徐沟县（今清徐徐沟镇）东关，在徐沟娶妻生子。后又迁往太谷敦坊村（今属胡村镇），也有后裔。最后不知何故，舍妻别子，只身来到榆次车辋村，给刘姓财主放羊。常仲林为人忠厚老实，深得刘姓财主的喜爱，于是将刘氏丫鬟出身的养女许配与他。常仲林便在此安身立命。《常氏家乘》载，明弘治十三年（1500），车辋村中传教寺募捐重修，所铸的两口铁钟都有常仲林姓名，其一记为“太谷县人”，其二记为“本村施主”。说明此时常仲林已经有一定积

蓄。在明嘉靖三年（1524），车辋成寨菩萨庙复修，捐款者中已没有常仲林的名字，而有了他的儿子常廒。说明这时常仲林已经去世。

二、三兄弟打井

车辋村地处榆次南端，为半湿润的盐碱区。明清时期地表有许多水坑、水洼，打井非常容易，但水味咸苦，不宜饮用。因此，全村人集资合力，打了一眼甜水深井，但出水量很少，连着接上两三担后便见了底，需等半个时辰才能再接，

常氏宗祠

常氏家族源远流长，其显赫从宗祠中就可见一斑。

"燕翼堂"匾
老宅院"燕翼堂"是常家宽厚德行的象征。

所以井边常有一些水桶排队等着。人们都把水桶按先后顺序排列，轮到谁时，互相打一声招呼，久而久之便习以为常，约定俗成。到了常家第三世时，常廷和、常廷美、常廷玉兄弟虽已搬到这里四五十年了，但仍被视为外乡人。打井时，他们也出过钱出过力，可到了排队挑水时，经常被插队者挤在后边。由于他们是外来户，势单力薄，也只好忍气吞声。有一年天旱，三人和其他农户一样把水桶排在井边就下地干活了。中午回来挑水做饭时，发现自己的水桶依然排在最后。原来是因为天旱时井水流得更慢，村民你争我抢，亲戚朋友互相照应，而外来的常氏三兄弟自然就被排挤在最后。干了一上午体力活的三人饥渴难耐，三弟廷玉一气之下，要和村里人理论，被哥哥们劝住。事后三兄弟心中颇不是滋味，于是便痛下决心：自己打一眼甜水井，不再让人牵着鼻子过日子。

第二天晚饭后，三人点着油灯合力在自家院子里开始打井，苦干了一个月终于见到了水。他们的井水不仅水质好，而且水量大。尤其值得称道的是三人胸襟宽广，不计前嫌，敞开大门，让全村人来自家院子里打水。后人称这个大院为"老大门"。这座宅院是常家最早的宅院，后人也称之为"燕翼堂"，院门题写"德随年进"的立匾。

三、渐入商道

车辋常家从一世到三世，基本以放羊种地为生，无钱无势，人丁也不兴旺。但从四世起，开始由农牧转向商贸。榆次车辋村位于晋中盆地津水河下游，是山西交通枢纽，明代开中法以来，晋商渐成气候，使山西成为全国各省之首富。晋中一带，富商巨贾不断涌现，路上商贩车马南来北往。常氏族人耳濡目染，有的人很敏锐地发现经商要比务农致富快，于是离开故乡，外出经商。明末清初，常氏五世、六世在天灾人祸中得以苟安。

常家静园

秀美的静园颇有江南园林风格，这在北方民居中十分罕见。

第二节　康熙年间　常威发迹

明代时的常家比较贫寒，三兄弟分家后只有常廷美的子孙最多，其余两支或失传或只有一个单支系。据家谱载，常威和他的两个儿子常万玘、常万达在康熙年间下海经商后常家方才富裕起来。

关键词：常布铺　学而优则贾

一、事业初兴

常威生于康熙十五年（1676）左右，是二门常廷美后裔常进全之子。常威于康熙四十年（1701）赴张家口经商。

张家口是许多晋商家族创业之地，同时也是许多商贩的滑铁卢战场。明末清初在张家口居于垄断地位的“八大家”，在乾隆中后期相继垮台。继而崛起的是太谷北洸曹家、祁县渠家和榆次常家等。

常威初到张家口“下海”，只是肩挑负贩。对于善于捕捉商机的常家来说，这座塞上重镇也是其商贸基业，在下堡鼓楼摆摊贩卖“榆次大布”。一次，常威购进的一批白布刚刚运到，恰逢一位亲王去世，官府强令全城百姓披麻戴孝。这批白布顿时走俏，销售一空，一夜之间他就发了一笔大财，完成了最初的资本积累。从此，常家的生意蒸蒸日上，并在街面买下了店铺，起名常布铺。

常威像

从常威开始，常家的生意就有了起色，摆脱了肩挑负贩的窘境。可以说常威是常家巨大家业的奠基人。

常家在张家口的铺号旧址

常威在张家口起家，开办常布铺。这里便成了常家的发迹之始。

二、学而优则贾

常威的三个儿子万玘、万旺、万达皆随父亲到张家口，除万旺在张家口郊外购地务农外，万玘、万达均成了父亲经商的得力助手。父子三人同心协力，经过十余年的奋斗，使常家在张家口的事业得到了很快的发展。常威是学业有成之后才开始经商的，常万玘、常万达也是在饱读诗书之后子承父业的。特别是常万达，从小就随父亲在张家口读书。他勤奋好学，深受老师赞誉，但常威却在他即将参加科考之际，让他退出仕途从事了商业，并把“学而优则贾”作为家训，告诫儿子要代代遵循。常威的次子常万旺，对读书不感兴趣，常威便拒不让他经商，而是在张家口购置了一些土地，让他去务农。常

延伸阅读

“万里茶路”是晋商明末清初开辟的从武夷山到俄罗斯恰克图的茶叶贸易路线，总长5 000多公里，纵贯祖国南北，是与丝绸之路齐名的一条重要国际贸易通道。

“诗书皆雅言”

常家极其重视文化教育，这样的牌匾随处可见。而“学而优则贾”的家训更是为家族培养了一大批高素质的商界精英。

威这个高瞻远瞩的举措，奠定了车辋常氏儒商世家的基础，在商业信誉、商业管理上都不同凡响，我们从大德玉的账簿类别和管理条例上就可看到其管理的水平。学而优则贾的方略，使他们的事业很快做强做大了。到了乾隆初年，常威父子已经在张家口创立了大德常、大德玉两个颇具规模的字号。常家之所以能从零开始，逐渐发展壮大，正是因为有常威这样吃苦耐劳、不畏艰辛、敢冒风险的奠基人。常家后人尊其为“发迹祖”。

第三节 万里茶路 大话常家

常家商业日益兴旺，“南常”将商号开遍大江南北，“北常”更是开拓了著名的万里茶路，将茶叶远销俄国，成就了与丝绸之路齐名的传说。

关键词：南常 北常 万里茶路

一、“南常”“北常”各领风骚

乾隆初年，常威年老体衰，荣归故里时，将字号交给长子常万玘、三子常万达经营，最终使车辋常家逐步形成了以常万玘和儿子怀珻、怀珣的“南常”及常万达和儿子怀玗、怀玠、怀珮的“北常”为核心的两个商业集团。这两个集团互相帮助，携手发展成为张家口的重要商家。

南常经营布匹、百货和药材等，尤其以四川夏布和长白山高丽参为主。常怀珻及其后代在大德常的基础上，兢兢业业，奋斗百年，陆续在大同、繁峙、成都、汉口等地创办大德川、大德美、大德昌、大德常、大德成、大德亿、大德懋、大德光、大德正、大德丰等10个大商号，并称“十大德”。由此形成了以张家口为中心，遍及大江南北的商业网络。

“北常”是以经营边贸茶叶、丝绸等出名的。始祖常万达目光远大、胆识过人，他毅然采取了向俄国发展、搞国际贸易的方略。俄国对茶叶的需求量是很大的，从明朝开始，就不断地

常万玘像

常威长子，“南常”商业集团的创始人。

提出了贸易的要求。雍正五年（1727），清政府与俄国终于签订了《恰克图条约》。雍正八年（1730），开始了中俄边境贸易城——恰克图的修建。但由于种种原因，一开始双方贸易并不顺畅，十多年过去了，贸易额还只有十来万卢布。尽管如此，常万达却在艰难中看到了广阔的前景。乾隆十年（1745），他断然将大德玉改为茶庄，在不丢内贸的同时，将主要财力、精力投到了对俄贸易中，开始了开拓万里茶路的壮举，最终形成大德玉、大升玉、大泉玉、大美玉、独慎玉、大涌玉、大顺玉、三德玉、保和玉、泰和玉等北常“十大玉”的集团经营。如果说创立“学而优则贾”家训的常威是常氏发展史上划时代的人物，那么开拓万里茶路的常万达则是常家发展史上的里程碑。常万达确立的目标是一场艰辛的创业，是一场充满辛劳和智慧的搏击。

二、万里茶路通俄国

为保证出品质量、讲究质量信誉，常家在晋商中首先采取了茶叶收购、加工、贩运一条龙方式。即：自行在福建武夷山购买茶山，组织茶叶生产，

常家庄园鸟瞰

作为中国对俄贸易第一世家，常家的宅院同样大气壮观。其房屋遍布东西、南北两条大街，占地一百多亩，规模极为庞大。

并在福建省崇安县的下梅镇设庄，精选、收购茶叶。同时，自行创立茶坊、茶库，将散茶精制加工成红茶、砖茶，妥为收藏。每年茶期，雇佣当地工匠达千人，在陆地将茶用车马运输至河口（今江西省铅山县），再用船帮，由水路运经信江、鄱阳湖、长江至汉口，沿汉水运至襄樊，转唐河，北上至河南社旗镇（今社旗县，当时晋商称之为十里店）而后驮运北上，经洛阳过黄河，越太行山，经晋城、长治，出祁县子洪口，再于鲁村换畜力大车北上，经太原、大同至张家口或归化（今呼和浩特市旧城），再换骆驼至库伦、恰克图。全程近 7 000 里。由于骆驼运输比马驮大车安全、快速、便宜，每驼可驼 400 余斤，所以常家很快就备起了自己的骆驼队，兴盛时多达万余峰。骆驼运输也由过去的从张家口到恰克图，延长到了从黄河入晋，到俄国莫斯科等地，并由此而使沿途的特种行业“骆驼店”应运而生。

这条茶叶运输的线路，就成了后人口中与丝绸之路齐名的“茶叶之路”。由于这种路的运输工具以骆驼为特征，故又称为“驼路”。

为了保证茶叶在运输中的质量，常家也想出了不少点子。一开始，驮队使用的是传统的方形篓装，由于运输不便，遂把篓改为半圆柱体形状，这种包装两篓相合则成了一个巨大的帽盒状，所以又称为“帽盒茶”。在长期的长途贩运中，他们发现散茶经日晒雨淋，容易走味，又将散茶集装在木箱中的铅罐内以保证质量。

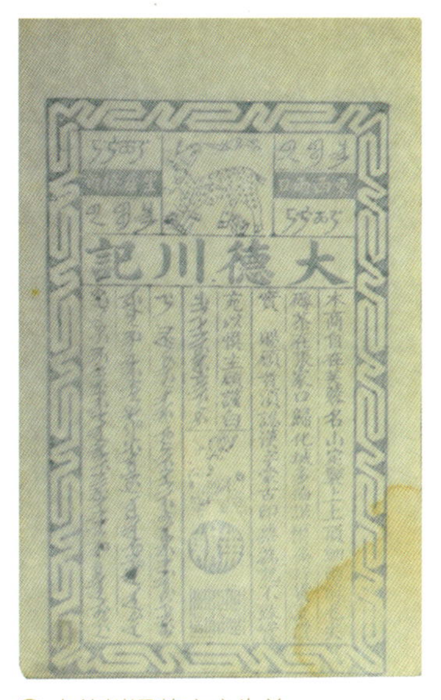

大德川记茶庄广告单

常家商铺大德川当年印发的广告单。

延伸阅读

晋商在武夷山茶区采购茶叶，先经水路将其运到“茶叶港”汉口，再经汉水运至襄樊和河南唐河，在有“南船北马”之称的中原商业重镇社旗上岸，由骡马驮运北上，经洛阳，过黄河，越晋城、长治、太原、大同、张家口至归化城（今呼和浩特市旧城），然后改用驼队穿越 1 000 多公里的荒原沙漠，最终抵达恰克图，同俄罗斯商人进行国际交易。

在驼运中他们也摸索出不少成功的运作方式：他们将八十匹骆驼分为一帮，五匹骆驼为一行，共十六行，一人管一行。一帮有十八人，包括一个带队帮首、一个蒙古族向导，以保证在任何情况下不迷路，可以找到水源及宿营之地。每一帮中，还要配备一两名通药理医道的人，带必用药物，以保证人畜的平安。当时中俄交界一带马匪猖獗。这马匪人彪马快，呼啸而来，人不离马，冲至驼旁，俯身即可将商人驼鞍上的银器掠去，转眼就渺无踪影。商家纵有武装保卫，并雇用保镖，也无可奈何。针对这种情况，常家将俄国进口的大量粗制银器在买卖城熔化后铸成银锭，再行运回国内。常家从恰克图向内地运送的自铸银锭，每块重达 1 000 两，制作专用马车运输。马匪来抢，无法俯身掠取，只好弃之而去。大家都叫这种大银锭为"没奈何"。后来，各商家都学常家的方法，铸起了"没奈何"。马匪面对"没奈何"也就不得不较以前有所收敛了。

此外，在茶叶运送沿途的商贸城镇里，常家都设有自己的店铺和"办事处"。这一方面可以作为常氏的形象代表，便于在当地发展业务，并为来往的常家商队提供各种服务；另一方面则可随时掌握商情，通过各种渠道反馈给张家口的总部。常氏在各地的"办事处"还有一个重要的战略作用，那就是参与票号经营。对于账局、票号等金融业的参与，不仅使常家的商业资本得到了转化，而且有利于家族集团内部、外部的资金融通，以保证有足够的资金做大笔交易。

常氏在对俄贸易中极具远见和谋略，又极为注重信义，很快就取得了俄商及俄国政府的重视，不久便将生意做到恰克图以北的俄国境内，在俄国境内的莫斯科、赤塔、克拉斯诺亚尔斯克、新西伯利亚、巴尔瑙尔乃至欧洲的其他国家都有了他们的茶庄分号，使茶叶之路增长到 13 000 多里。在这个历史进程中，常家为适应形势发展的要求，在原先大德玉的基础上，于道光六年（1826）新建大升玉，道光二十年（1840）增设大泉玉，同治五年（1866）增设大美玉，光绪五年（1879）增设独慎玉，形成常氏一门五联号进俄国的格局。同时，常氏还在各号增设账局，而且把账局也分设于俄国各地。

◇清代恰克图
中俄边境贸易的重要城市，清雍正八年开始修建，是常家茶叶贸易的枢纽城市。

正是由于以常家为代表的外贸晋商坚持不懈的努力，使中国的对俄贸易额由雍正六年（1728）的1万余卢布发展到乾隆二十年（1755）的83万卢布，乾隆二十五年（1760）猛增到135万卢布。而到嘉庆初年（1796）常万达去世，怀玗、怀玠、怀珮三子及众多的孙辈子承父业主持常氏对俄贸易时，中俄恰克图贸易额已经高达800余万卢布，道光二十一年（1841）达到1 240万两，80年增加了千余倍。常氏即为茶商的中坚，确实功不可没。

三、茶路上的插曲

常家在万里茶路上，寒来暑往，风磨砂砺，有过多少惊心动魄，经历多少生死考验。乾隆二十三年（1758）春天，常万达亲自率领驼队向恰克图运送茶叶，突然，沙漠起风了，黄沙滚滚遮天蔽日。驼队怕葬身沙丘，一时也不敢停留，就这样在风沙中走了六七天，才知道已经迷路了，所带的水早已喝光，四处不见绿洲，更严重的是连方向也辨不清，而身边的枯骨又明白地说明曾有人在这里绝望地死去，顿时大家心灰意懒，一筹莫展。

常万达像

常家对外茶叶贸易的领军人物，不论对常家的商务发展还是对中俄的贸易往来都做出了巨大的贡献。

就在这个时刻，领队的那峰雄驼突然起身狂奔。领头骆驼是驼队的灵魂，如果走失，后果更不堪设想，常万达便带人去追那峰雄驼。一直追出三四里路，那雄驼突然停了下来，用鼻子仔仔细细地嗅着沙土，嗅了半个时辰，又开始用前蹄刨起沙来，而且，无论赶驼人如何吆喝，也不肯停下来。常万达凭他多年与骆驼相处的经验，领悟到这个地方一定有地下水，于是他拿来铁锹，拼命挖起来，大家也一齐帮助，那雄驼却在一边长嘶不止。挖到八尺多深，果真见了湿土，再往下挖，一股清泉终于涌了出来，很快就溢出了地面，形成了一个小水泊。其形状就像一弯新月，常万达就给这池水起名为“月牙泉”。

大家得救了，又过了一天，风终于停了，凭着满天星斗，常万达测定方向，才知道这是一条离库伦——就是现在蒙古国的首都乌兰巴托最近的线路，只是过去此处没有水，人们不敢走。后来，这条路线就成了常家从张家口到库伦的运茶专线。那峰找水的雄驼，也被常万达当作有功之臣供养在了大德玉老号中。数年

后，雄驼死了，常万达将它埋葬在月牙泉边，并竖起一道墓碑，上边刻下了“神驼”二字。从常万达开始，一直到200年后常家不再经营茶叶生意为止，常家的驼队每次走到这里，都要给“神驼”烧香摆供，敬谢“神驼”。

万里茶路的跋涉者，无不经历了北疆的沙暴和南国的风雨、旅途的寂寞和经营的辛劳。正是坚韧执著、栉风沐雨的晋商精神，使他们屹立于商海风云之中。

◇ 茶篓

细而长的茶篓，当年晋商运茶所用。

◇ 茶叶桶

颇有现代气息的茶叶桶，常家等茶商后期出品。

◇ 驼队

常家的驼队不畏路途遥远艰难，驮载着茶叶跨越山川大漠，建起了万里茶路。

第四节　儒商交融　长久之道

常家商业的兴旺发达，固然与天时、地利有关，但这一家族能够绵延 200 多年长盛不衰，人才辈出，根本原因在于常家注重教育，重视后代的人才培养，注重以儒学孝义树立品德。常家的经商之道，也处处流露出儒家思想的光辉。

关键词：儒商相融　节俭　敬业　诚信

一、尊儒重教

我国封建时代重本轻末的意识根深蒂固，“仕、农、工、商”的阶层划分，使商人受到很大歧视。然而，经商起家后却极为重视教育的常家，并没有被封建思想所束缚，而是施行了一条“学而优则贾”的方略。

他们注重聘名师办家学，不遗余力地培养人才，将一个个学有所成者源

听雨楼法帖

听雨楼法帖：他山之石，可以攻玉。收集了历代名家法帖，颜柳欧赵、苏黄米蔡都有保存。

源不断地输送到商界，确保了有一支优秀的充满精英的经商队伍。常万玘、常万达的堂兄常万育在家读私塾时，“用力甚勤，人皆许其能远，母独命学陶朱术，公因顺母志北上，据先人遗货经营二十载”，后成为商界名流。在十世常怀珻寿序中说：“今初而课读，疑义非常，长而经商，辛苦备至。至于寄迹廛市，更有可法者，栉风沐雨，以炼精神；握算持筹，以广智略。其深藏者虚也，有良贾风；其亿及屡中也，有端木风。持义如崇山，仗信如介石，虽古之陶朱不让焉。”又如十二世常怿的墓志铭记载：“随父服贾张垣，凡筹划经营，实左右之。”

虽然“寿序”“墓志铭”不可避免有溢美之词，但常家在200多年的经营之路上尊儒重教，造就了一批又一批知书达理、将儒家道德融于商业经营中的远见卓识之才，从而使常家长盛不衰，的确是不争的事实。人们这样评价常氏家族：“有志四方，货殖居奇，俨然孔门之端木；决胜千里，奇能致富，不让越国之大夫。”“三晋儒商”“名门望族”，常家受之无愧。

常家石芸轩书院

作为三晋儒商的代表，常家十分重视教育，专门修建了书院培养后人子弟。

文化长廊

常家书院长廊内的书法雕刻寓意深远、文字功力深厚，具有极高的艺术品位。

二、儒商相融

常氏家族之所以能够突破“富不过三代”的限制，得益于他们的儒商相融——坚持用儒家思想来指导商业实践，并在经济活动中体现出明确的儒家伦理道德，实现了经济理性与道德理性的统一。

常家恪守儒家节俭为本的持家、修身、立业之道，把“待己唯俭，待人唯诚”的儒家信条视为“天不变，道亦不变”的信条。常家祠堂里一条“捎马”、一块“常布铺”牌匾曾被供奉了100多年。这条“捎马”是常威第一次北上张家口时用过的。九世常万达不但继承了先父的遗业，而且发扬了其遗风，“懋迁化居，艰辛弗避，历数十年如一日，居恒薄而自奉，无事不戒其奢华”。就是这样的人，开辟了万里茶路，振兴了宏大的家业。为了昭示子孙勤俭持家，常威就把“捎马”和“常布铺”牌匾供奉在祠堂内。而他自己仍是“满而不溢，视有若无”，“勤以修身”，“俭以养德”，并把商业利润用来扩大投资，这从另一方面避免了后代由富入奢。九世“万”字辈，十世“怀”字辈在事业初创时期，吃穿都与伙计无多大区别。到了十三世“立”字辈时，家道开始兴旺，但他们不像别的富商家族那样，把生意交给掌柜。常家的男丁在其青壮年时，就将大部分时间和精力用在了各个商号的经营上，把青春年华都奉献给了万里商路。

常家对自己的生意一直恪守儒教的敬业精神。对于大宗茶叶从采购到加工、运输都一丝不苟。对经营的每种产品都认真负责，不允许出现一点瑕疵而影响声誉。常家在榆次开设的瑞隆裕仅是一家经营生产、生活用品的小字号。但进货时，铁器必须是潞安货，竹器必须是青华出产，砂器只从平定进。至于麻绳则是请来高手，自己加工，不仅选料上乘，而且打成绳坯后，曝晒五日，才合股成绳，一条能比得上别家三条。因此，晋中各县有“买好绳，找瑞隆”的说法。正如清人郭嵩焘所言，晋商“惟其心朴而心实也”。

常家经商注重诚信，这是其坚持儒学信条的又一突出表现。他们在生意往来中信守“信誉第一”,“轻资重诺”。为了确保茶叶质量，在整个经营过程中，他们采用严密的分工管理制度，产供销一体化。首先，在福建、江西、湖北、湖南等茶叶产地进行考察，买定茶山，由专人负责监督采摘，再聘请经验丰富的工匠加工成砖茶，装箱运往汉口。然后用自己的驼帮经樊城和社旗镇至山西的潞安、太原等地运往张家口。到了张家口后，先由专人清点验明品种数量，再由验茶工开箱验茶，刷净砖茶六面浮屑，放风后重新包装入箱，用自己的驼帮运往恰克图。这样，既可减少中间环节，便于统筹管理，又可保证商业信誉，如期交货。咸丰年间，江南太平军起义，常家到武夷山运茶的商路断绝，只好改在湖南、湖北交界处的羊楼洞、羊楼司一带种植新茶，但是两地茶质不同。为确保质量，常恽不顾战乱亲赴武夷山请制茶高手，并由他监督茶叶加工，经过上百次试验，直到湖北茶与武夷山茶的色、味均无区别，才将其运至俄国，并向俄商如实讲明，请大家品尝。这种真诚经营的态度，使俄商大为感动，双方建立起了持久稳定的合作关系。

常家的诚信还表现在经营活动中的疑人不用，用人不疑。榆次有句俗语：“王家的钱难领好交账，常家的钱好领难交账。”说的是，与王家相比，向常家支取资金开办生意不难，但常家人无论对哪一行生意，都十分内行，审查也非常严格，根本无空可钻。所以，没有真本领，想要滑头，就不要到常家来“领生意”做。但只要常家认准的人才，从来都是用人不疑，敢于放手。如：张家口的常家油面杂货店天亨玉开办较早，最后一任掌柜叫王盛林，一开始上任时，出师未捷，赔本了。常家分析了原因后，认为并非人为所致，非但没有撤王掌柜的职，还为他补足了资金，让他继续努力。三年过后，天亨玉便扭亏为盈。常言道：“多积德，必有后福。”20 世纪初，各商家纷纷“落马”，常家也发生危机，需要将天亨玉的资金连本带利抽回抵债。王盛林凭个人信誉向大盛魁借银 4 万，确保天亨玉在无一分资本的情况下，改名为天亨永，负债继续经营。直到常家衰落时，天亨永仍然支持着常家的开销。事实证明常家当初用人得当。

砖雕

作为儒商世家，常家的砖雕不但精美，更处处体现出浓厚的文化气息。

第五节 中俄贸易 黯然失色

弱国无强商。随着俄国对在俄华商的不断欺压，曾经盛极一时的常家对俄贸易遭受了毁灭性的打击。常家就此逐渐衰落，最终回天乏力。可叹一代晋商巨贾终成昨日故事。

关键词：俄罗斯 重创 洋务运动

一、莫斯科搁浅

晋商巨贾在恰克图贸易中，发财致富，腰缠万贯，但在俄罗斯人的眼中，似乎是暴发户的象征。晋商在俄商眼皮下赚了大钱，俄商十分不快，嫉妒、焦虑的情绪油然而生。当俄国的大人物们了解到这些情况后，便拿起鹅管笔，蘸蘸墨水，在相关文件上批阅了几行字。

不久，旅居莫斯科的晋商突然发现这里情势大变，自己成了不受欢迎的“暴发户”。原来沙俄政府对晋商下了一道“紧箍咒”——对华商实行新税制。

沙俄政府宣布在贝加尔湖以东的商贸，除了砖茶之外，其余商品都要征税。而以西地区的交税数额一下子提高了几倍，取消了免税品。这是俄国单方面采取的蛮横措施，他们全然不顾在华俄商享受的优惠待遇，肆意破坏了中俄有关陆路通商的规定，即两国边界百里内不征税的原则。

俄方大幅度提高税额，借以驱赶、窒息华

常家庄园堡门门洞上方刻有“敦艮吉”三个大字的匾额，“敦”代表厚道、敦厚、诚恳；“艮”在八卦中表示东北方位，它表明了堡门的朝向和方位；“吉”代表吉祥、顺利、如意。

羌帖

旧时我国民间对俄国纸币的俗称。俄国大举印发纸币曾给对俄贸易的晋商带来惨重的损失。

商，但这仅仅是灾难的开始。接着爆发了第一次世界大战，俄国内战也打响了，莫斯科城内一片混乱。不法分子乘机大肆哄抢，往日象征暴发户的晋商自然成了主要的对象之一。

晋商逃命要紧，哪能顾得上昂贵的货物。等到炮声远去，惊魂未定的晋商才开始清点财物。这下可大吃一惊，常氏大德玉、大美玉、大泉玉、独慎玉等店号损失巨大，仅在莫斯科就损失高达 140 万两，其他各地损失难以计算。

莫斯科，曾经是常氏发家的福地，甚至分分秒秒都有银子流入进账，现在却成了一场残酷的噩梦。

二、恰克图受创

常家在恰克图的经营业绩也遭受重创，那是在末代皇帝上台之前就发生的事了。

19 世纪末，常家的大泉玉、大升玉、独慎玉等商号与其他晋商商号联合，将红茶、砖茶、曲绸、洋绒等货物赊销给 5 家俄商，总价值近 80 万卢布，折合银两 62 万两，每年 8 厘利息。当时俄商没有现成货物与晋商交换，而常家等晋商商号对自己过于自信而高估了俄商的信用。

20 世纪初，这 5 家俄商突然无故倒闭，而且面对常家等债主毫无羞愧之心，反而理直气壮地以倒闭为由，拒不还债。这倒好，欠钱的成了“黄世仁”，债主却成了苦苦相求的“杨白劳”。众商家无奈只好远赴莫斯科告状。俄方官员当然不会胳膊肘往外拐，态度强硬，不做任何表示。众商家又向恰克图当地的俄方官员递上状纸，经过三番五次的交涉，俄方长官终于答应解决，同意变卖 5 家俄商的资产以抵债。常家等兴高采烈地赶到现场，才发现是一场骗局。那 5 家俄商的资产已变卖了十之八九，所卖之钱已被俄国官方全部卷走，分文未付常家等众晋商。

这场官司前后拖延长达 10 年左右，最终不了了之。其中，常家三大商号损失最大，占了一半的赊销货款。这验证了“弱国无外交”“弱国无强商”的道理。

◇ 独慎玉莫斯科分号

曾经兴盛一时，后在俄国的种种欺压刁难中没落。

三、最后的努力

在发生以上毁灭性灾难之前，常氏家族集团中的有识之士受近代洋务运动的影响，跳出商贸的圈子，创办敦义和蚕桑局。其主要策划者是常望春，他是常威的第六代。常望春看到自己家族人口较多，而财产在屡遭重创后开始缩减，担心一旦生意衰竭，族人就会受难。于是建议成立敦义和蚕桑局和敦睦织布厂，并从北京、天津聘请专人指导，让常家不读书的子弟都加入，而且对外招收徒工。由于准备充分、管理到位，第二年，常氏在老家车辋村北开辟桑园，栽桑几百株，养蚕几十万，颇具规模。

一时间，敦义和生产的丝织品在省内销路打开局面，平遥、汾阳、文水、交城、太谷、徐沟、榆次等地客户反响不错。企业购销两旺，资金流动加快。

光绪三十四年（1908）常氏筹资创办敦睦织布厂，并注重传授技术，特地请教师培训了百余名纺织工人。榆次县老一辈的纺织工人不少就是常家敦睦织布厂的学徒。但由于时局不靖，战乱不已，常家的丝织企业于民国十年（1921）因遭受重大损失而倒闭。

常家庄园

大气恢弘的常家庄园今日依旧向世人展示着常家当年的富贵与豪情。

第五章

近代之士　祁县渠家

1897 年，清政府候补知府刘鹗与山西官员勾结，采用“空麻袋背米”的手段，骗取山西盂县、平定、泽州、潞安等地的开矿权，转让给洋商的福公司。此消息曝光后，引起山西各界的强烈反对。清政府一方面革除刘鹗等人职务，另一方面却直接插手出卖山西矿权。这些卑鄙勾当激起了广大爱国志士同仁的义愤，他们掀起了历史上著名的收矿权爱国运动。

在谈判、集资以及赎回等艰辛的过程中，出现了一位著名的工商界爱国人士——渠本翘。

1907 年，渠本翘出任山西保晋矿务公司总经理。第二年，福公司被迫同意交还盂县等五处矿权，但强行索要 275 万两白银，同时还规定自签订合同之日起第一个月内山西就必须交出一半的款项。对此官府想打退堂鼓，渠本翘挺身而出，以自己的商业实力和信誉担保，亲自筹借到 150 万两白银，从而确保了按时收回矿权。

那么，渠本翘到底为何许人也，凭其一人商业实力和信誉就可以力挽狂澜，振兴山西矿业，引领山西近代化进程？而他所在的渠家，又是怎样的名家望族呢?

第一节　南国北疆　三代积累

早在明朝时期，渠家便开始了贩卖的小本经营。经过十几代人的奋斗积累，渠家生意遍及全国，甚至远涉欧洲，而经营项目也是种类繁多，诸如杂货布绸、粮油茶酒等不一而足。渠家之富裕在晋中数一数二，其在祁县城内宅第连云，更有“渠半城”之称。

关键词：摊贩　长源厚　茶庄　渠半城

一、辛苦创业

渠氏原籍上党长子县。先祖渠济于明洪武二年（1369）从上党区长子县举家迁入祁县。此前，他的三个儿子敬信、守信和忠信便从上党挑上潞麻和黄梨到祁县做小本生意。他们走村串户，把潞麻和黄梨换成粗布和红枣，带回老家再换成潞麻和黄梨。就这样充分利用两地价格差异，循环往复，麻换布、布换麻，梨换枣、枣换梨。年深日久，有了些许积蓄，便在祁县城内定居下来。随着买卖的日渐兴旺，渠家逐渐富裕起来。到第九世渠士重时，家道初呈小康景象，结束了摊贩生涯，开始在祁县城内开设铺面，创立字号。到十四世渠同海时家业有了更大的发展。

二、三代兴家

渠同海 (1723—1789)，字百川，他自幼读书，长大后继承家传商业，经营南北杂货、绸缎布匹、粮油茶酒等。他看到祁县、太谷许多人在塞外发展商贸取得成功，于是步入走西口的大潮。在包头站稳脚跟后，他购置了 10 余顷土地，开设了长源厚货庄，经营菜园、粮食、油面及茶叶，生意有声有色。渠同海成为渠氏家族商贸事业全面发展的奠基人，在乾隆年间已是赫赫有名的富商。为了纪念长源厚字号的诞生，他选用了“长源本晋川，荣华万世年”10

个字，作为孙辈十六世以下的世系排名。他还通过捐输获得守御所千总的武职官衔。渠同海生有三个儿子，长子映藩及三子映潢都是商界高手。

渠映潢（1758—1832），字天池，在继承父业的基础上，从两湖采办茶叶，经销于西北各地直至欧洲，获利极丰。乾隆、嘉庆年间创设长源川、长顺川两个大茶庄。渠家是率先在两湖地带开辟茶厂、采办红茶、加工砖茶的晋商茶帮之一。渠家从两湖采办的茶叶不但品种多样，而且以质取胜，奠定了渠家在茶叶出口贸易中的稳固地位。

十六世渠长瀛（1794—1863），字仙洲，是映潢的三子。他是渠家十六世最有商业头脑的将才。他凭借过人的智力，大力拓展渠氏商业，在继承长源川茶庄的基础上，又在各个商埠开设茶庄、盐店、粮行、丝绸店、钱庄、当铺等商号 40 余座，还亲赴长江流域贩运食盐。至此，渠家已经积累了大量的商业资本，成为当时晋商中屈指可数的富户。随着积累越来越深厚，后人历年不断地购置和兴建商号店铺，在祁县城内东大街买下地产，盖起砖瓦房，筑起高墙大院，形成了渠家在祁县城内宅第连云的建筑群。由于这些数量可观的宅院，渠氏家族被后人称为“渠半城”。

渠家大院

渠家宅第连云，今日仍能从遗留的院落中一窥当年的富裕繁华。

第二节　商号遍开　茶庄扬名

渠家到了渠源潮这一代进入黄金时期，分布全国的商业字号与金融业分号有上百座，资产难以计数。渠源潮掌管的长裕川茶庄在晋商中规模最大，所产茶叶质量上乘，远销俄罗斯等地，甚至可以代替货币使用。

关键词：如日中天　长裕川　茶叶

一、渠家的辉煌

到十七世“源”字辈时代，也真应了“源”字之意，财源越发茂盛，生意日渐兴隆，渠氏商业进入黄金时代，如日中天、同辉共茂，到达了辉煌的顶点。咸丰、同治直至光绪初年，渠氏源潮、源浈、源淦、源洛众兄弟除独资、合资经营三晋源、长盛川、百川通、存义公等著名票号外，还开设有茶庄、盐店、钱铺、典当铺、绸缎庄、药材店等字号百座之多。徐珂在《清稗类钞》中列举“山西多富户”时说，祁县渠家资产在300万—400万两白银之间，实际上远远不止于此。

他们在继承祖业的基础之上，陆续开办了钱庄、典当铺和票号。同时，

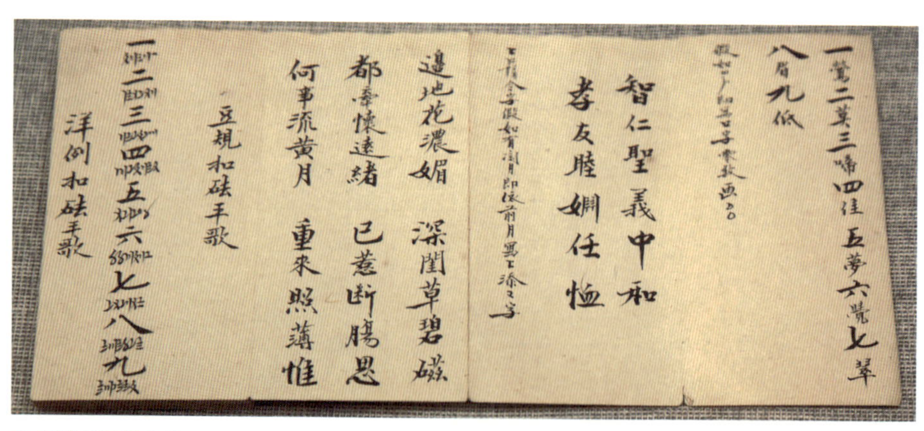

存义公票号密约

存义公，渠家著名票号，在渠家兴盛之时为其带来了滚滚财富。图为存义公当年所用密约。

在各大商埠增设了茶庄、盐店、布庄、绸缎庄、杂货铺、药材店等众多商业字号。渠家在全国的商业字号和金融业分号有百座之多，掌柜伙计有上千人。渠家的金融资本与商业资本紧密结合，相辅相成，形成了一个有机的统一体。

二、渠源潮的成就

“源”字辈中商业成就高的当数渠源潮。

渠源潮，字星海，渠长瀛的长子，人称“田喜财主”。他年幼读书用功，但未考取功名。他继承祖业长源川茶庄，光绪初年更名为长裕川茶庄，是晋商中开设时间最长、规模最大的茶庄之一。此时，晋商从福建、湖北等地向恰克图甚至俄国腹地每年输送数十万担的茶叶及其他商品。途中要经水路辗转，贯穿数省，翻高山越沙漠，奔波千里甚至万里才能运抵。如此运输旷日费时，资金周转缓慢。源潮遂调整方向，专营组织货源、批发茶叶的生意。他把长裕川 100 余名店员除总号留 20 余人外，其余 5—10 人一组分赴张家口、天津、扬州、汉口、成都、长沙、南昌等地设立分号，使其分号遍布大半个中国。长裕川共有股份 20 股，身股、财股各半，资金 40 万两。每逢开账分红，渠氏除财股外，另加 3 个身股。最盛时，每股可分白银 7 000—8 000 两。因此，茶叶贸易为渠家开辟了致富财源，其资财的殷实富足难以悬揣。

长裕川茶庄“川”字砖茶

这种砖茶质量上乘，广受好评，甚至可以代替货币在北方边境市面上流通。

在清咸丰年间，三晋茶商赴湘经商，路经湖南、湖北交界的羊楼洞、羊楼司，见该地适宜种茶，遂从武夷山引进茶种，指导当地土著栽培及制茶之法。光绪初年该地红茶贸易由此极盛。见此机缘，渠源潮适时派员赴鄂，“占据”羊楼洞、羊楼司、咸宁三座“宝山”。每逢春季，长裕川均派出 4—8 名干练人员翻太行，经河南，到武汉，进山办茶。他们收购茶叶后雇用当地茶农就地加工。经过日晒、笼蒸、挤压等工序制成适销对路的三和、德和贡尖、二六、三二等砖茶，然后包装驮运到张家口及绥远的一些城市，批发给山西各商号，再由他们转销至蒙古地区甚至俄国。可见，长裕川茶庄属于内茶商，不属外茶商，其加工的茶叶并不直接出口，而是在境内批发给外茶商。长裕川总号内院有一匾额，上书“道德为原本”，这是渠家祖辈经商的信条。长裕川茶产品由于质量上乘、信誉卓著，俄国商人一见印有“川”字的茶叶便争相购买，这“川”字牌茶叶甚至还可以代替货币在市面上流通。

长裕川茶庄

晋商中开设时间最长、规模最大的茶庄之一，是渠家庞大财富的重要来源。

第三节 源浈其人 精钻古怪

19世纪渠家发展到渠源浈时，已成为三晋巨贾，号称百万。渠源浈一生财运亨通，经商理财料事如神，举手投足出乎常人，只是他那古怪的脾气常常令人畏惧三分。

关键词：经商有术 古怪

一、超凡的商道

渠源浈，字筱舟，号龙川，生于1840年前后，乳名“旺儿”，人称“旺财主”。

他与渠源潮（田喜财主）、渠源淦（金财主）、渠源洛（重财主）皆为渠氏“源”字辈，属于渠家第十七代后裔。源潮与源浈是同胞兄弟，与源淦是叔伯弟兄，与源洛则是堂叔伯弟兄。他们4人共承祖业，广开财源，使渠家更上一层楼，成为当时祁县渠、何、乔、孙四大财东中首屈一指的大户，也是晋中八大商业资本家中声誉卓著的一家。

渠源浈在四个“源”字辈族人中名声最著，可谓经商有术，理财有道，颇具远见。不管世事怎样沉浮，他总是稳操胜券。早在22岁时，他考虑到兄弟同处，日后恐有财产纠纷和无端是非，便与其兄商量，及早分家，以图各自发展，独立生活。刚一分家，源浈便对所属商号大加整顿，显示出不同凡响的商业才干。光绪初年，他捐官刑部员外郎。光绪六年（1880），中俄有外交争端，清廷派曾国荃驻防乐亭以防东北有

渠源浈像

渠家杰出经商人才，关于他的经商事迹广为流传，是渠家富贵的大功臣。

变。源浈应邀作为幕宾随军，帮助筹办粮饷。事平后请长假返回祁县，从此不再出仕，专营商业。

在渠源浈的经商生涯中，曾做了一桩一本万利的事情。同治、光绪年间，他投资白银 30 万两，入股平遥城内百川通票号。一些有钱的满族旗人看准了百川通，将一笔巨额白银存了进去，并声称只要保住本银，利息分文不取，百川通因此红运高照，周转自如。每逢账期，渠源浈就可得红利 10 万余两。第三次账期每股分红利近 30 000 两银子，是百川通开账最多的一年。但在这次分红之后，渠源浈断然将其股本全部抽回，一时商界哗然。许多“明智之士”大惑不解，他也只是笑而不言。心想：“凡事乐极生悲，否极泰来，盛者必有一衰，买卖有挣就有赔，这是自然规律。况且百川通的流动资金多是旗人的存款，用别人的钱来挣钱，终究不保险。因为旗人有权有势，时间一长能不耍赖？总之，发财总得有够，差不多了就应该知足撒手，这样罢手就股息全得。若到亏损衰败下来就悔之晚矣！”果不其然，时过不久，百川通的生意江河日下，一年不如一年。因而祁县至今流传着“旺财主，有眼力，经商不钻钱眼子”的顺口溜。

渠源浈经商一向以稳妥著称，宁取薄利，也不冒险。1912 年，山西辛亥革命后，都督阎锡山苦于财政、军费困难，以成立“大汉银行”的名义，派人到祁县向渠家和乔家“借”银。渠源浈当即拒绝。当在太原官钱局任职的侄子渠本澄去游说时，他叫管账先生派人抬出一口棺材，表示以死抗争。在再三劝逼下，渠源浈最终还是借给了 30 万两银子，但这笔巨额银两全掺了三成假。就在这第三批掺假的银子运往太原时，途中就遭到抢劫。

后来，阎锡山“如数”将借款偿还，但只是一半现洋，一半纸币（晋钞）。渠源浈没有犹豫，以 1 元纸币买 0.8 元现洋，把 15 万纸币全部兑换成银圆。纸币贬值后渠家受损甚小。需要说明的是，渠源浈压根儿不愿将银两押赌于政治风浪中冒险，当损失不可避免时，果断而沉着地将损失降到最低点。

渠源浈除了与兄弟们在各省经营传统老号外，还在同治年间用 30 万两现银做本金，独自开设了一个三晋源票号（在今祁县城内财神庙街 15 号院内），并在北京、天津、上海、汉口、重庆等地建立了 11 个分号。鼎盛时，营业总额达 600 万—700 万两，每股红利 6 000 余两。辛亥革命后，票号纷纷倒闭，唯独该号与大德恒、大德通并存，继续营业到 1934 年。三晋源票号以稳健著称，从不涉险，基本上未遇亏空，一直持盈保泰。因此祁县人说："本钱大的大德通，三晋源的画儿棚，要吃好的存义公。"这几句俚语说的是祁县三家票号各自的特点：乔氏在中堂的大德通票号，以财力雄厚、多财善贾著称。渠家与人合资的存义公票号，以办事讲究排场、老板出手阔绰、伙友生活待遇优越闻名。至于三晋源的"画儿棚"是说它的青年伙计各个英姿勃勃，就像年画上的英俊少年一样。

清朝末年，固守传统货币增值经营方式且深谙经商之道的渠源浈，面对

百川通票号

清代主要票号之一，渠源浈曾为其财东。现保存完好，为三晋大财东家私博物馆。

大清帝国摇摇欲坠的形势，在自己的住宅及三晋源偏院内各挖一窖，将巨额财富铸成银锭窖藏起来。窖藏白银是封建资本的传统做法，也是一种自我保护措施。随着洋人的侵夺、清政府的垮台、军阀的连年混战，山西在全国各地的票号、钱庄纷纷倒闭，渠源浈窖藏的白银却支撑了渠家的商业和票号，并为其子渠本翘投资近代工业、赎回矿产、捐款修铁路、兴办新式学校奠定了经济基础。

窖藏白银

渠源浈将巨额银锭窖藏起来，在随后动荡的时代支撑了渠家的商业。

二、古怪的性格

早在光绪初年，渠源浈虽曾通过纳捐做了刑部员外郎，但他并不是为钱，因为在他步入官场之前就已经是个富翁。似乎也不是为名，尚在少年时代家里就曾为他捐了奉政大夫的虚职。从其研习各国法律的经历可以推测他似乎是想在实际的政治运作中学习一些经世济民的本事，做一番事业。但这种想法在贪污成风、暮气沉沉的晚清官场中是不可能有所施展的。辞官回乡后，山西巡抚张之洞曾一再请其“出山”，但他坚决不肯，催急了他就转荐他人代替。渠源浈对于官场深恶痛绝的情绪还影响了他对儿子未来的设计。在他看来，科举不仅不能培养出真正有本事的人才，而且为了科举去读书也极易把儿子塑造成一个迂腐之人。当渠本翘还在襁褓中时，他便说：“读书之事，尽以责汝矣。”只要好好读书就行，不要求功名之事。他希望儿子将来继承家业，习贾经商。后来由于家庭纠葛，渠本翘随母亲在乔家堡外祖父家生活，深得乔氏家塾熏陶，博通经史。1888 年，渠本翘乡试中了解元后，渠源浈并不以此为荣，认为“科名本身外之物，儒者当务其远大，慎勿以第自封”。后来，本翘考取进士，衣锦还乡谒见父母，还没下车，渠源浈竟身着长袍，步行至车前跪迎本翘，待之以官，以示和儿子划清界限。就是在本翘死后，竟也不让其入葬他买的坟地。

渠源浈脾气古怪，对待子女异于常人。据说，其次子、三子被逐出家门冻馁而死；三个姑娘到三四十岁时，还不准出嫁。他深居简出，疏于人际交往，动辄面斥人过，使人望而生畏，于是门庭之内，竟日肃然。

渠源浈怪虽怪，却是一位经商理财的能手，一生都在乘风破浪，荡桨商海。有关他的经商业绩在祁县一传再传，经久不衰。然而，在这个传统的商业世家中，却偏偏出了一个不务“正业”的金财主——渠源淦。

第四节　戏迷财主　无心插柳

同为“源”字辈，渠源淦的出名却不像其他兄弟那样在商业上有杰出的表现。正相反，他整日享乐不思经商。可是，非常戏剧性地，他对戏曲的爱好与享受却打造了晋剧史上第一个字号戏班，其表演安排形式成为晋剧演出的基本形式延续至今。正是在他的手中，晋剧渐渐走向成熟，登上了一个新的发展台阶。

关键词：晋剧　上下聚梨园

一、花花公子

渠源淦，字松坡，渠映潢之孙，渠长发之子。由于长发老来得子，因此对他百般溺爱，事事袒护，导致其淘气好动，不服管教，终日无拘无束，嬉戏玩耍。他今日听戏，明日赶会，哪里热闹哪里去，从来没有把读书当回事，因而最终也没有喝多少墨水。同治四年（1865）十月，渠长发去世。偌大家业便落到18岁的渠源淦身上。不谙世事的渠少东，仗着60万两的雪花银，忘乎所以，花钱如流水，尽情挥霍，潇洒自如。而此时，正是票号开始勃兴之时，渠氏家族中许多人瞅准机遇，适时将商业利润转化为金融资本，大把大把地赚银子。唯独渠源淦，依然声色犬马，尽情享乐。

> **延伸阅读**
>
> **晋剧**，山西地方戏曲，又名中路梆子、山西梆子，由蒲州梆子发展而来，并继承了其慷慨激昂的特色。晋剧在山西中西部和内蒙古、陕西、河北部分地区广为流传。其发展兴盛与晋商的崛起相同步，故有“商路即戏路”之说。

二、推动晋剧发展

享乐归享乐，金财主在潇洒的同时还真搞

出了些名堂。渠源淦酷爱戏曲，能拉会唱。当时，晋剧虽已初具规模，但还未定型，正处于发展、上升阶段。许多旺族为了自身享乐，承办了“四喜班”等一些自家的戏班。见过世面而且懂行的渠源淦对这些班子不屑一顾，认为他们虽然好手云集，但处处显得小家子气，不够大方，行头、乐器也差得很远。出于对戏曲的爱好，又仗着财大气粗，渠源淦出资承办了晋剧历史上第一个字号班——“上下聚梨园”。由于他组建戏班的目的完全是自娱自乐和博取名声，所以对演员的培养、剧目的排练不惜工本、不怕耗时。

“上下聚梨园”旧址

“上下聚梨园”是晋剧历史上的首个字号班，渠源淦花重金精心打造。既研究改进演出，又培训童伶。

渠源淦让账房先生王联庆出面操办，要求该班必须讲究排场，名角云集，行头上乘，达到戏班中最高档次。因此该班不惜重金，聘请各地名角，并先发给一定数量的安家费，以免除艺人后顾之忧。然后按艺术水平评定长年包份工资，同时派人去苏州等地订制了全套戏箱，购置了文武场乐器。全套行头选料讲究，做工精细，色彩鲜亮，蟒袍上的团龙都用金线绣成。经过一段时间紧锣密鼓的准备，聚梨园择吉开张，粉墨登场。首次演出的《回荆州》一炮打响，顿时声誉大振。民众都知道祁县金财主承办了个好戏班，而且名角荟萃，唱做念打各有拿手，流派纷呈争奇斗艳，因此人人都想一睹为快。金财主亦随之闻名三晋。

为了提高演出水平，金财主采纳票友建议，将聚梨园分为上、下两班。上班重在研究改进与演出，演员各具特色，或以唱功见长，或以做工称绝。下班则以培训童伶为主，带有戏剧科班性质。在音乐场面上，聚梨园也做了突破性改革，由原来的文武场面不分改为文左武右，每一件乐器都按其音域、音色、轻重、主次做了定位安排，使之与演员能更好地协调配合。直到现在，晋剧演出仍沿袭这种基本形式。此外，渠源淦还特地在宅院内修建了一座近 20 平方米的戏台，东西厢房门前饰有木制隔扇，隔扇一除，

渠家戏台院

这座精巧的戏台承载了众多著名晋剧演员的表演，见证了晋剧怎样一步步走向成熟。

便为包厢看台。当年此处终日高朋满座，笙歌悦耳，热闹非凡。

100 多年前在这座小巧精致的戏台上，许多著名的山西梆子演员都曾登场亮相，效力经年，这对山西梆子走向成熟曾起过非常重要的作用。由宅院主人出资组建的戏曲班社聚梨园演的剧目很多，除《回荆州》《打金枝》《忠报国》这三本中路梆子门面戏外，诸如《反棠邑》《武家坡》《太君辞朝》等都是其拿手好戏，久演不衰。聚梨园的成立，标志着中路梆子进入一个新的发展时期。如此说来，渠源淦在不知不觉中还真为山西的文化事业做出了点贡献。

不管渠源淦被称为是渠氏家族中的另类也好、无能之辈也好，无须再对他做过多的评价，我们之所以述及，是由于他和他的聚梨园对山西戏曲文化发展做出了一定贡献，这才是我们回顾这段历史的真正意义所在。

◇晋剧

晋剧又名山西梆子，因产生于山西中部，故又称中路梆子，山西传统剧种之一。

第五节 为官经商 革新志士

到了近代，渠家再度出现了一位杰出人才，他就是在整个晋商历史中都堪称翘楚的渠本翘。他经商做官俱大展才华，更投身民族工业，兴办学堂，在历史大变革中做出了自己的贡献，为晋商添上了浓墨重彩的一笔。

关键词：革新 建树

一、传奇一生

渠本翘（1862—1919），是一位集官、商、绅于一体的特殊人物。他是渠源浈的长子，原名本桥，字楚南，自幼高度近视。因渠本翘的魄力和父亲渠源浈的顽固格格不入，长期居住在乔家堡外祖父家。他的外祖父乔超五，字郎山，是乔贵发的四世孙，举人出身，曾任知县，颇有学问。乔家设有私塾，渠本翘天资聪颖，勤奋好学，不仅有私塾良师指导，而且与舅父乔佑谦、乔尚谦等有学之士日夜砥砺、相互切磋，学业大进，不到20岁便通经史，有“神童”之称。清光绪十一年（1885）参加县考，中秀才。光绪十四年（1888）参加乡试，以第一名中举。光绪十八年（1892），赴京会试中进士，任内阁中书，时年30岁。

渠本翘像

晋商之中的佼佼者，集官、商、绅于一体的传奇人物。在清末民国初这个新旧更替的时代用自己的商业才能为国家做出了杰出的贡献。

渠本翘一生建树颇丰。光绪二十七年（1901），山西大旱，饥民无数，渠本翘主动捐出1万两白银赈灾。光绪二十八年（1902），与祁县南社村乔殿森合资，以5 000元（银圆）接

山西大学堂旧址

山西大学堂，中国最早的三所新型大学之一，由英国传教士李提摩太用“庚子赔款”所建。旧址仅余西式风格的大礼堂一座。

山西大学新貌

山西大学至今仍是山西省最大的综合性高等学府，每年为山西乃至全国培养出大量优秀人才。

管官办的晋升火柴公局，改名双福火柴公司，创办了山西省最早的民族工业。光绪二十九年（1903），以外务部司员职衔出任驻日本横滨领事，次年回国。时值清政府废科举、兴学堂，遂与本县乡绅商定，于光绪三十一年（1905）在祁县城内昭余书院旧址创办中学，附设蒙养学堂。他将自己所捐巨资和筹集到的款项存放在殷实的商号内，生息以供学校开支之用。他还亲自制定学校的章程，不惜重金延请优秀教师，为学生设立奖学金，培养人才，激励后进。渠本翘在收购火柴企业时，山西大学堂成立，该学堂是中国近代最早设立的新型大学之一。渠本翘参加了该校的筹建工作，并于1910年出任山西大学堂总监督。

辛亥革命爆发，清政府欲借其声望挽回在山西的败局，任命其为山西宣慰使，渠本翘力辞不就。袁世凯炮制“洪宪”称帝丑剧，极力拉拢渠本翘并许以高官，再度遭到拒绝。随后渠本翘隐居天津，致力于收藏和著述，一面广购珍版古籍与名家字画，一面征集文献，整理刊行。所藏字画和刊印书籍主要有林琴南的《麓台招隐图》、刘奋熙的《爱薇堂遗集》、戴廷栻的《半可集备存》等。民国八年（1919）五月，他在天津赴友人宴时猝然去世。

在晋商几百年的历史长河中，渠本翘是一个出类拔萃的重要人物，特别是在历史大变革时期，他既是告别旧时代的斗士，又是迎接新时代的实践者。他所拥有的才学胆识使其不愧为晋商“左儒右贾”的佼佼者。

二、晋商缩影

祁县渠氏从明代初年开始创业，历经十几代人400余年的艰苦努力，终于成为闻名全国的商业金融资本家。清同治、光绪时期，全国各大中城市、水旱码头都有其开设的商号。渠氏家族在经商获取巨额利润后，把资金投向工业，首开山西民族工业之先河。在反帝爱国保晋争矿运动中渠氏家族发挥了举足轻重的作用，创下了流传千古的佳话。兼之热心公益，急公好义，其家族在赈灾济贫、兴办教育以及发展文化事业等方面都有很多建树，赢得了社会的广泛赞誉和尊敬。长篇小说《金魔》以及电视连续剧《昌晋源票号》等都是以其作为生活原型。渠家的历史，在一定程度上可以说是中国近代商人兴衰命运的缩影。

渠家大院门

仰望渠家大院门，让人不禁联想起渠家商人那种海纳百川的气度、指点江山的商场风采，并为之深深折服。

第六章

票号首创　平遥李氏

平遥位于晋中地区，在汉朝时被封为中都，其主人正是汉高祖刘邦的儿子刘恒（代王）。“吕后之乱”后他接任帝位，死后被追封为孝文帝。中都古城在平遥县城的西北 3 000 米，是平遥县境内最大的村落。传说汉武帝大驾光临时，看到中都城上有奇光异闪便下令赦免除死刑之外的罪人。

这神异之光，在千百年后仍然庇护着这里的商民，孕育了晋商十大财东之一——西达蒲李氏家族。

第一节　经营颜料　广布网络

李氏经营颜料起家，收购废铜制碌，渐渐扩大规模，形成了全国性的颜料销售网络。更聘用贤才，开拓新业务，最终成为平遥首富。

关键词：碌　颜料庄

一、制碌起家

西达蒲李氏家族是清代咸丰、同治、光绪年间平遥的首富。李家祖籍陕西汉中。相传明朝末年，李实任官山西，后弃官到平遥卜家堡村定居。李家由官积富，遂营商业。

据说李占殿出身贫寒，以务农为主，某年曾营救过两位途经此地险些被强盗劫杀的天津客商。康熙六十一年（1722），平遥大旱，李占殿逃荒到天津，得到那两位客商的资助，回来后收购废铜，在村里开设了李记颜料坊。李记作坊制“碌”，即铜绿，产品是一种带鲜亮绿色的颜料，现在的名称是碱式醋酸铜，主要用于配制烟火和油墨颜料，也可用于染布和绸缎。当时加工的办法是将废铜片装在木匣子里，上面盖以醪糟并加热，过两天后取出来，把铜

铜器上的铜绿

这种看似无用的铜锈经过加工便是一种颜料，成了李占殿发家致富的根本。

片生出来的“绿锈”刮下，加工精制而成。碌有毒，在清代是个冷门产品，主要销往北京、天津，销路很好。李占殿后来在县城西大街路北开设了经销颜料的商店,起名为西裕成。西裕成颜料庄除经营在西达蒲村制造出的碌以外，还经销产自全国的鱼鳔、冰片、白矾、松香、黄蜡、漳丹、黑胭脂等染料或涂料的原料。

二、遍布全国

李占殿为人谨慎，精于计算，辛勤奔波，艰苦创业，成为李家商业的奠基人。他生前在天津设立了西裕成分庄，将西裕成颜料庄一分为二，分给两个儿子。长子李文质分到家产后，在天津另开了如升大颜料坊，地址在天津东门外南宫大街。李文质去世后，由长子李大元继承，大元成为如升大的第二代财东。

西裕成老字号则由次子李文赟继承。李文赟常年在外，苦心经营颜料生意，50 多岁时生子李大全。从乾隆后期到嘉庆中期，李家的经营规模逐步扩大，不到 30 年的工夫，西裕成颜料庄已成为产销一条龙的大商号，先后又在北京、汉口、成都、沈阳、通州等城市设立分号，形成了全国性的销售网络，在省内已享有“无达（蒲）不成颜”的盛誉。西达蒲村李家的作坊是平遥最大的颜料坊。当时全村 1 000 余人口，村中的劳力除务农外，大部分是制碌的手工业工人，可见其规模之大。嘉庆末年，李文赟年近古稀，便将店铺业务交给李大全掌管。李大全代父亲执领财东后，将业绩显著的雷履泰由汉口分庄调回北京分庄，又聘用了毛鸿翙、程大培等几位能人。雷履泰执掌西裕成北京分庄时,年迈的李文赟听到有关几位掌柜在京“招摇、挥霍”的传言,亲自赴京考察,当查明雷履泰是在开创一项新的生财之道时，给予了充分的信任。李文赟去世，李大全执掌西裕成后，很快将雷履泰调回平遥，在西裕成总号任大掌柜。

第二节　创立票号　如日东升

票号的建立是中国金融史上的一个重要里程碑。由费时费力、风险巨大的押运金银到方便快捷、安全可靠的汇票流通，票号极大地促进了中国经济的发展，同时也造就了一位位富可敌国的商业巨子。作为票号的创始人，李氏家族的掌柜雷履泰更是打造了有“天下第一号”美称的日升昌票号，成为中国金融业的一个神话。

关键词：票号　日升昌

一、票号的诞生

李大全自幼聪明不凡。由于他独具慧眼，大胆启用雷履泰，从而开创了中国金融业的新纪元。

早在清中期，山西商人的足迹已遍及国内各重要城镇、码头和贸易中心。在商业活动中，靠镖局押运钱款，耗时费力，多有不便。嘉庆年间，随着国内贸易的发展扩大，埠际间债权债务的结算和资金借贷的业务日渐增多。依靠镖局运送现银，已无法适应商品经济日益发展的需要。特别是嘉庆后期白莲教起义风起云涌，社会动荡不安，起镖运送现银风险屡出。工商业者甚感不便，迫切希望用汇兑来代替现银运送以解困扰。这时一些商号开始在自己的字号之间使用汇票，此处交款，彼处用钱，省时省力，方便安全。此时，正在主持西裕成的大掌柜雷履泰，审时度势，顺应时代需要，继承中国历史上的会票经验，在晋商之间、京晋之间由西裕成开始经营汇兑，此处存款，彼处取钱。存款月息二三厘，放款月息七八厘，汇兑费用为汇兑款额的百分之一。当时市面上周转的银子分碎银、锭银和元宝等几种，元宝一般重 50 两。由于重量、成色不一，所以从相互兑换平色中也能赚得不少利润。兑换中，“平”是论分量，“色”是论质量。一般从“平”中可得千分之四的收入，从“色”中还有千分之五六的盈利。虽然如此，但因保险、方便、迅捷，委托拨兑者蜂拥而至，盈利与日俱增。雷履泰见做汇兑生意油水大、势头好，遂于道光初年（1823年左右）与人称“李二鬼子”的东家李箴视商定，在西裕成颜料庄的基础上改组设立一个专营汇兑和存放款业务的票号，并取名为日升昌。寓以旭日东升，普照大地，万物复苏，繁荣昌盛之意。从此，山西第一家票号正式宣告诞生。

延伸阅读

中国第一家票号——日升昌，坐落于“大清金融第一街”平遥古城西大街的繁华地段，是中国现代银行的开山鼻祖。从清道光初年成立票号到歇业，历经一百多年，曾经“执中国金融之牛耳”，分号遍布全国35个大中城市，业务远至欧美、东南亚等国，以“汇通天下”而著名，被余秋雨先生誉为中国大地各式银行的“乡下祖父”。

二、雷履泰其人

雷履泰是平遥县龙跃村（原细窑村）人，自幼聪颖灵慧，饱读孔孟诗书，后“辍读习贾，弃儒就商”。起初在几个商号里做事，并不得志，后来迁居到平遥城内北门口，成了“看宝盆”的行家。所谓“看宝盆”就是押宝房的专业术语。当赌徒揭开宝盆盖，显露出几颗骰子上的点数，就要计算出赌赢的数额。李大全在押宝房看热闹时，发现“看宝盆”的雷履泰脱口报出数额，其反应之快，不由让李大全吃惊。仔细观看，此人眉宇间气度不凡，便挖雷履泰到西裕成颜料铺做工。雷履泰凭着自己的才华和吃苦耐劳的精神，受到掌柜的器重，先后被派往汉口、北京分号担任经理。李大全当家后，40来岁的雷履泰成了平遥县颜料行的头面人物，升任西裕成的大掌柜。他创办第一家票号而成为创始人，在中国票号业的发展史上写下了不朽的篇章。日升昌亦在他和二掌柜毛鸿翙的通力合作、苦心经营下迅速发展壮大。一些文人墨客以笔墨助兴，拟对联一副：“日立中天万宝

雷履泰像

中国票号的创始人，大清金融业的风云人物。他对金融业的贡献值得历史去铭记。

精华同耀彩；升临福地八方辐辏独居奇。”

三、天下第一号

日升昌票号大获成功，不过雷、毛两位掌柜都是久经商场的高手，深谙生财之道。经营伊始虽然盈利丰厚，但他们并不满足于现状、止步不前，而是眼望娘子关外，手伸大江南北，意在图谋大业，称雄票号业。

日升昌掌柜一旦奠定基业，旋即派人在全国各地进行了一番深入的调查摸底。随后派精明干练、诚实可靠的伙友分赴各地，设立分庄开办汇兑业务。分庄一建立，便形成了日升昌在全国各地的汇兑网络。一旦设庄，分号掌柜便频频拜访当地晋商，拉拢关系，借以招揽业务。他们多访问，勤跑腿，凭

平遥日升昌记

日升昌既是中国第一家票号，也一度是最大的票号。其汇兑业务遍及全国，甚至远至欧美，是名副其实的“汇通天下”。

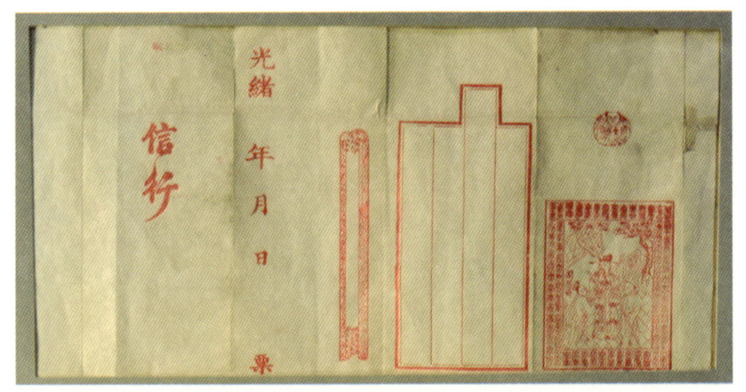

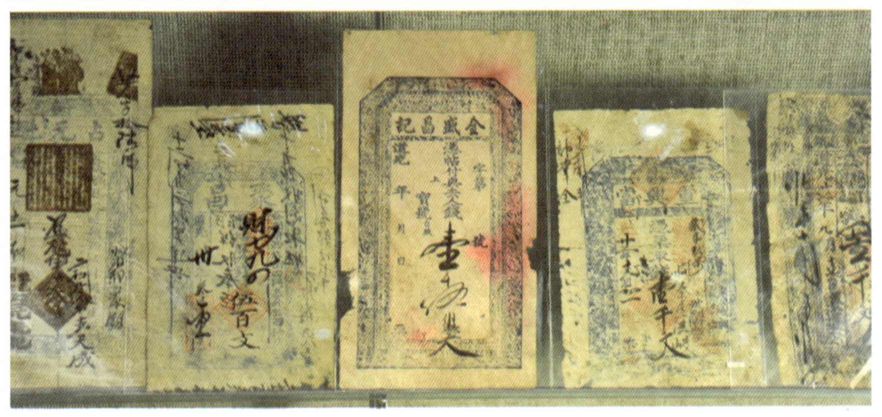

◆ 会票、晋商纸币

会票即汇票，它的发明使得财物的流通不再只能依靠笨重、不安全的真金白银押运，是金融史上的一个里程碑式的进步。

着谦虚的态度、吃苦耐劳的精神与可靠信用，在短时间里便打开了局面。这样一来，不但山西商号与日升昌的业务交往日趋频繁，就连外省商号以及沿海一带的米帮、丝帮，也开始与日升昌进行业务交往。日升昌一时门庭若市，广开财路，一派蒸蒸日上的兴旺景象。

鸦片战争以后，清政府摇摇欲坠，整个社会动荡不安。各级官吏、豪绅、地主、鸦片贩子、走私商人为了避免发生运现丢镖事件，也都和票号发生了联系。就连清政府的军饷、丁粮、厘金、赋税和财政周转也都由票号办理。一纸汇票便可以为日升昌带来十万、百万的周转金和可观的汇水，促使票号的经营飞速向前发展。

日升昌经过几十年的发展，基础逐步稳固，规模也不断扩大，“京都日升昌汇通天下”的招牌遍及整个中国。及至光绪初年，仅东家名义上的资本就

日升昌账折

这些账折忠实地记录了日升昌所吞吐的巨大数额银两，向我们展示了“天下第一号”的雄厚实力。

有 36 万两，而常年流动周转的又岂止百万、千万两。掌柜们凭借与清政府达官贵族的密切关系，不仅“汇通天下”，甚至官吏的升迁、捐官鬻爵、包揽诉讼、地方兴革大事等都能从中操纵。无怪乎日升昌的伙友们个个派头十足，盛气凌人，每每以在“天下第一号”日升昌做事而洋洋自得。

在日升昌财源滚滚、如日中天的耀眼光芒下，其他晋商竞相效仿，最终形成了中国票号的山西帮，给中国金融业的发展带来了巨大影响。

第三节　雷毛不合　三分天下

同为经商奇才，雷履泰与毛鸿翙随着日升昌的不断发展壮大却起了争斗之心。正所谓一山不容二虎，在雷履泰掌握日升昌的情况下，毛鸿翙离开李家转投侯家并大展身手，在票号业务上与日升昌分庭抗礼。雷、毛的竞争虽然从个人角度不值得称赞，但是在客观上却促进了中国票号业的蓬勃发展。

关键词：分裂　发展

一、一山不容二虎

道光六年（1826），李大全在日升昌票号开业三年后病逝。由于他改营票号的决定，为平遥西达蒲李家成为中国近一个世纪金融界的巨商打下了坚固的基础，家道也越来越旺。他去世后，年仅16岁的儿子李箴视担起了日升昌票号第二任“董事长”的重担。东家年少，但他却深明大义地处理了雷履泰、毛鸿翙的权利之争，使创立不久的日升昌票号得到稳步发展。

李财东向雷履泰道歉

雷履泰与毛鸿翙争权夺利的战争不断，这才有了李财东跪求雷履泰的故事。

随着日升昌的不断强大和地位的显赫，其经营作风也与当初大相径庭了，内部矛盾也日益尖锐起来。

日升昌的这番成就，与雷履泰、毛鸿翙两位掌柜团结一致、共商合议、相互协作是分不开的。但随着事业的不断壮大，出

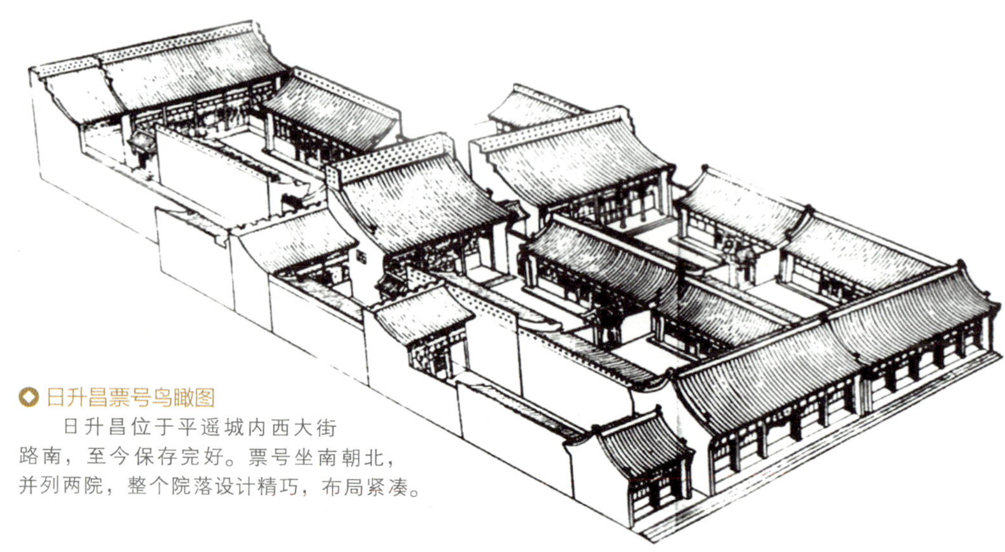

日升昌票号鸟瞰图

日升昌位于平遥城内西大街路南，至今保存完好。票号坐南朝北，并列两院，整个院落设计精巧，布局紧凑。

现了“内部人控制”，雷、毛两位强人之间的矛盾也逐步加深。大掌柜雷履泰自认为日升昌的兴盛是他一人的功劳，因而踌躇满志、唯我独尊，处理事务时常常独断独行、颐指气使、盛气凌人。对此，二掌柜毛鸿翙深为不满。两人逐渐由相互猜忌，发展成争功夺利、互相排挤的死对头，致使日升昌的“银山”上已无法容纳商界的“两只老虎”。

一次，雷履泰因病卧床疗养，但号内事务仍由他带病处理，不肯放权给二掌柜毛鸿翙。于是毛鸿翙便向东家建议：“为雷掌柜身体着想，还是劝其回家安心静养一段为宜。”东家见雷掌柜带病工作，确实于心不忍，又经毛掌柜一说，于是找到雷掌柜好言劝道：“你带病工作，恐操心过甚，于病体不宜，不如暂回家中调养一段为好。”雷掌柜一听此言，便料定是毛鸿翙从中作祟。虽心中怏怏，但也不动声色地坐车回家了。没过几天，东家去探望病中的雷掌柜，进屋一看，见案上、床上堆放着许多信件，随手拿起一看，不觉大吃一惊。原来是雷掌柜吩咐日升昌各地分庄结束业务撤庄的信件。东家忙问缘故，雷履泰说道：“日升昌是你的生意，你是东家，但各地分庄是我安置的，我有权收回来交代你，也请你另请高明接管，我从此就告退了。”东家一听，焦急万分，急忙劝慰雷掌柜不必多疑，身体为重。雷履泰愤愤不平地说：“现在有人想取我而代之，我还怎能干下去？只好他干我不干。”这时东家才醒悟过来，心想雷、毛二位再也无法相处，为保全日升昌家业必须速定取舍。迫于无奈，东家以双膝下跪，恳求雷掌柜不要告退，并保证不听信小人胡言，对雷掌柜管日升昌深信不疑。雷履泰见东家如此恳切，便不再坚持己意，收回前言，表示愿为日升昌效犬马之劳。这样一来二去，雷掌柜与东家的关系比以前更为密切。这一切被二掌柜毛鸿翙看在眼里气在心上，自觉日升昌已非留己之地，只得另谋出路了。

二、各显神通争霸业

在毛鸿翙由于东家信任并且重用雷履泰而不得不自行辞职出号的时候，适逢介休大财主侯培余正在酝酿将其蔚泰厚绸缎庄改组为票号，苦于找不到熟悉票号业务的人才。于是他便立即把毛鸿翙请去改蔚泰厚绸缎庄为票号，并任毛为大掌柜。毛鸿翙由受人排挤变为大掌柜，对侯东家的知遇之恩真是

雷履泰故居

整座院落用料考究，工艺朴实，造型雄伟，反映出一位金融家丰厚的家财和务实的创业精神。

感激涕零，发誓与日升昌票号一决雌雄。

毛鸿翙一上任，雄心勃勃，励精图治，锐意经营，使蔚泰厚票号的业务蒸蒸日上。东家念其经营有方，成效显著，除在蔚泰厚给毛顶人力股一股外，又在改组后的新蔚泰厚给毛顶了一股，以资鼓励。重奖之下的毛更是鞠躬尽瘁，在所不辞。随之，他也用“加官晋爵”的办法从日升昌挖走两个熟悉业务、精明强干的伙友到蔚泰厚效力。仅一年时间，毛为侯家运筹帷幄，调兵遣将，把蔚泰厚的业务搞得突飞猛进。当雷履泰知道了毛鸿翙就任蔚泰厚票号的大掌柜后，便暗自加劲，意欲一争高低。雷、毛二人互不示弱，各显神通。雷履泰为了保持日升昌在各地市场上“独居奇”的地位，在与蔚泰厚的激烈竞争中，总想在业务上把对方压倒，常常放款减息，少收汇费，与蔚泰厚争揽顾客，搞得蔚泰厚一些分号苦不堪言。道光二十四年（1844）六月，蔚泰厚苏州分号向它的京师分号诉苦道：“苏地钱店以及为士人、学子捐纳功名等生意，由于日升昌揽做，咱号概不能做分文。”随着日升昌与蔚泰厚竞争的加剧，雷、毛二人的关系也愈来愈恶化了。以至于发展到雷履泰生下的儿子叫雷鸿翙，毛鸿翙生下的孙子叫毛履泰。二人结怨日渐加深，成了势不两立、老死不相往来的对头。

自从雷履泰把毛鸿翙挤出日升昌后，雷、毛二人在票号业中展开了激烈竞争。但随着日升昌业务的不断扩大，其经营作风也与往日截然不同。雷履泰在日升昌独揽大权，傲慢自大不可一世。从前那种多访问、勤跑腿的谦虚态度踪影全无，而是广交贵族官僚、豪绅地主，专做大宗的官府生意，至于小商小贩的汇兑生意，非一次汇500两银子的业务不做，俨然一副财大气粗、不屑蝇头小利的“官商”架子。掌柜们出入府衙，乘坐的是绿围四抬大轿，前呼后拥，耀武扬威，如同回家一般。地方官吏虽心有不满，也奈何不得，只得迎来送往，以礼相待，不敢等闲视之。

山西第一家票号，由于经理人的争权夺利而分裂，这对日升昌来说是件坏事，但这一分裂却由于市场空间甚为广阔，彼此的竞争反倒推进了山西票号业的发展，使发端于平遥的山西票号向太谷和祁县等地不断扩张，逐渐形成了平遥、太谷、祁县三帮票号。

第四节 财源滚滚 穷奢极侈

日升昌的成功为李家带来了数不尽的财富。作为天字第一号的大票号，日升昌经营着上千万两的汇兑业务，同时也使得白银如流水般涌进了李家。这样的豪门望族，其奢侈的生活更是极尽所能，令人惊叹不已。

关键词：日升昌 首富 奢侈

一、日进斗金

日升昌从创立起到咸丰年间，经营业务以汇兑为主，经营对象以工商铺户为主，主要是山西商人和江南的米帮、丝帮和盐商，还有零星的小贩。咸丰年间，我国商业发展较快，日升昌票号的业务量很大。据日升昌万金账记载，红利分配最初是6年一结账，后改为4年一结账。同治年间，财东李箴视有

"汇通天下"匾

晋商素来一言九鼎、信誉卓著，敢称"汇通天下"，这是何等气魄，何等实力。

日新中票号

同为李家出资成立，总部与日升昌总部相邻而建，现保存完好。

票号内的景象（模拟）

书写会票、称量金银……当年的票号中一派繁忙的景象，现今只能在雕塑、影片之中领略到了。

财股 30 个，每股获利 12 000 两。另外总经理顶人力股一个，协理、分号经理等等还有顶 1—8 厘不等，每次结账最高每股分红 12 000 两，最少也有 7 000 两。这样每次结账，李箴视分红 30 余万两，前 30 年就可分红 210 余万两。

从咸丰年间到辛亥革命前夕，是日升昌票号的又一个发展阶段。主要是从第二次鸦片战争以后，清朝官吏腐败骄奢、公然贿赂，为了避免发生运送现银失标事件，清朝政府、官吏、地主、豪绅、走私商人都通过票号汇兑。经过太平天国、捻军革命后，官府和票号的关系更紧密了。凡军饷、赔款、丁粮、厘金、赋税和工商铺户以及各种政府官吏的账款，都由票号办理，日升昌票号的汇兑额更大了。至清末汇兑款总额达 3 000 多万两。李家通过票号每年收入数十万两白银，还有其他票号收入，利润丰厚。据不完全统计，平遥李家在前后近 90 年的 21 次分红中，仅红利一项就可分得白银 630 余万两。

李箴视掌家期间，是西达蒲李氏家族的全盛时期。票号、钱庄、当铺、颜料坊、茶庄、药材店、粮油店等全面推进，互为呼应，使李家由此聚集了大量钱财，成为平遥首富。光绪年间，日升昌票号营业额达到了前所未有的高峰，名义上资本为36万两白银，但常年流水何止千百万两。

二、极尽奢华

平遥西达蒲李氏因日升昌生意兴隆而大发横财，成为有钱有势、远近闻名的贵族豪门。靠着日升昌源源而进的银子，他们广置田亩，大兴土木，仅平遥县西达蒲村就筑起四座辉煌巍峨的深宅大院。每座院内高楼大厦，鳞次栉比；雕梁画栋，富丽堂皇；前庭后院，院院相连。楼阁相望，亭榭互映，好似大观园一般，气派非凡，乡民们称其为西达蒲村的“李家堡”。院内仆役、丫环成群结队，一呼百应。李东家整日以烟枪为伴，侧卧灯前，吞云吐雾，晨昏颠倒；每餐必是山珍海味、名酒佳酿。仅用饭时的佣人就有捧盘的、献菜的、斟酒的、捧痰盂的和打手巾的等十几二十人。一年四季厨房内鸡、鸭、鱼翅、燕窝、海参、松花、火腿、口蘑、银耳及国产名酒等应有尽有，真是暴殄天物、穷奢极侈。然而好景难长在，富甲一方的李家最终也没有摆脱衰败没落的命运。

第七章

票号家族　介休侯氏

日升昌经营的百余年间，收入白银约有1 500万两，这已是天文数字。东家李氏发了大财。但在光绪年间，徐珂在《清稗类钞》所列的晋商大户中，日升昌的李氏竟榜上无名。介休侯氏以资产“七八百万两”位居全省第二，而在晋中富豪中位列榜首。看来，山外有山，天外有天，日升昌东家李氏还算不上超级的“老大”。

位居晋中富商榜榜首的介休侯氏其祖上是山西省大名鼎鼎的“绸缎大王”“侯百万”——侯兴域。其父亲侯万瞻携资远行苏杭一带，贩运绸缎。虽长途跋涉，比较辛苦，但历经数十年，利润丰厚。侯兴域接管生意后，扩大生意规模，经过数十年苦心经营，终于成为晋中地区田连阡陌、骡马成群、宅院数座、生意几十处的一方首富，当地人称“侯百万”的大财主。而侯家后人更是秉承了他的经商才能，将家族推上了辉煌的顶峰。

第一节　蔚字票号　遍布全国

侯家以经营绸缎生意起家，历时数代终成巨富，积累家资无数。更在日升昌票号成功后紧跟其脚步设立票号，并延请在日升昌不得志的人才毛鸿翙出任大掌柜，将侯家“蔚”字号票号发展到与日升昌比肩的地步，成为当时中国汇兑业的巨头。

关键词：“蔚”字号　毛鸿翙

一、几代经营

经过侯家祖上侯万瞻、侯兴域的打拼，侯家已成为晋中首富。到了嘉庆十三年（1808），年逾花甲、体弱多病的侯兴域自感不久于人世，于是按中国多子分承的传统习惯，把家产除留一部分养老外，其余按六股均分给了六个儿子。同时他也激励子弟不要坐享其成，早日担起经营的担子。但他作为家长，

蔚丰厚票号

侯家“蔚”字号之一，专营汇兑、放款、贴现以及信托等业务，以“信义勤俭”为经营宗旨。

商业上仍以整体经营为主。不久，侯兴域和长子、次子相继下世。侯氏家族由三子侯庆来掌门，负责掌管侯家的六股生意。侯庆来，字笃斋，后改名为侯培余，是侯兴域六个儿子中最精明练达的一个。这个侯庆来就是前述那个极力倡导把蔚泰厚绸缎庄改为票号的侯培余。他生于康熙末年，嘉庆二十年（1815）考中副榜，颇具才干。他弃儒从商、主持家政后，广招贤能，锐意改革。首先把在平遥开设的协泰蔚、厚长来、新泰永等绸缎店字号改成“蔚”字号，就是蔚泰厚、蔚丰厚、蔚盛长。据说这是因为他父亲字蔚观，以“蔚”字取号是为了永志不忘其父创业的艰辛，以警示后辈子孙。他请著名书法家徐润第写了一副对联挂在住宅大厅之上，作为家庭后人经营持家的座右铭。上联是“读书好，经商好，学好更好”，下联是“创业难，守成难，知难不难”。

因为侯培余是三门中人，人们习惯称为“三宅”，堂名九如堂。侯培余虽然能干，但只活了 36 岁，道光七年（1827）去世，死后由其次子侯荫昌总管侯家生意。

二、票号兴隆

侯荫昌，字古棠，生于嘉庆年间，处事大方慷慨，用人笃信不疑，是个颇有志向的老板。他继承的祖传店铺与日升昌都在一条街上，相距几个门面。道光三年（1823），平遥西达蒲李家的西裕成颜料庄改成日升昌票号后，生意兴隆、盈利陡增的景况触动了侯荫昌的内心世界，于是，侯荫昌决心改蔚泰厚绸缎庄为票号。这便引出前文中侯东家慧眼识俊才，毛掌柜报恩苦经营的趣事。道光十四年（1834），侯氏蔚泰厚绸缎店改换招牌——蔚泰厚票号，这是平遥县城内继日升昌之后的第二家票号。毛鸿翙出任掌柜，侯荫昌为东家。蔚泰厚票号成立后，业务日渐兴旺。同年，侯东家接受毛鸿翙的建议，把蔚

蔚盛长印

蔚盛长票号的印章，信誉的保障。

丰厚绸缎庄、新泰厚绸缎庄、蔚盛长绸缎庄改组成票号，接着又将与人合伙的天成亨、蔚长厚两家布店改为票号，均由毛鸿翙负责指导。至此，上述六家票号在山西票号业中，被称为侯家“蔚”字号。“蔚”字票号总资本额达到 60 万两白银，超过了日升昌的规模。为了表彰毛鸿翙创办票号的功绩，侯荫昌在蔚泰厚和新泰厚各给毛鸿翙顶人力股一股。毛鸿翙成为大掌柜之后，有了自己一展才华的天地，且侯家又给了丰厚的待遇，自然感激不尽。同时又怀着一颗与雷履泰雪耻的心投入票号的运筹中，仅仅一年的工夫，就使“蔚”字号的业务突飞猛进，蒸蒸日上。毛氏又以“加官晋爵”之法从日升昌拉出两个熟悉业务的伙友，委以重任。在毛氏的主持下，“蔚”字号业务大获其利。为了进一步激发毛鸿翙的管理才能，侯荫昌还破例允许毛鸿翙在蔚泰厚等票号加入一定数额的银股。这在晋商“股份制”上是史无前例的。

“蔚”字号在毛鸿翙的大力经营下，六号拧成一股绳，到处揽生意、设置分庄，不几年已发展到与日升昌相抗衡的程度。经过道光、咸丰、同治 30 多年的发展，声势日增，大有后来者居上之势。据冀孔瑞《介休侯百万和蔚字号》一文称，在侯荫昌掌握“蔚”字号时期，各号资本如下：

蔚丰厚：10 万两

蔚盛长：12 万两（后增至 16 万两，内含平遥王培兰资金）

天成亨：16 万两（后增至 20 万两）

新泰厚：16 万两

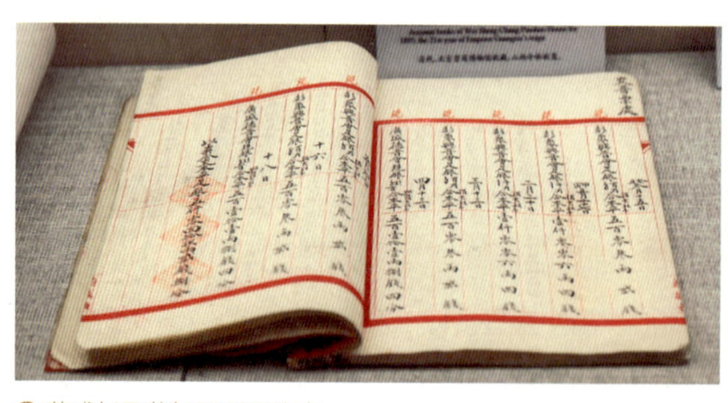

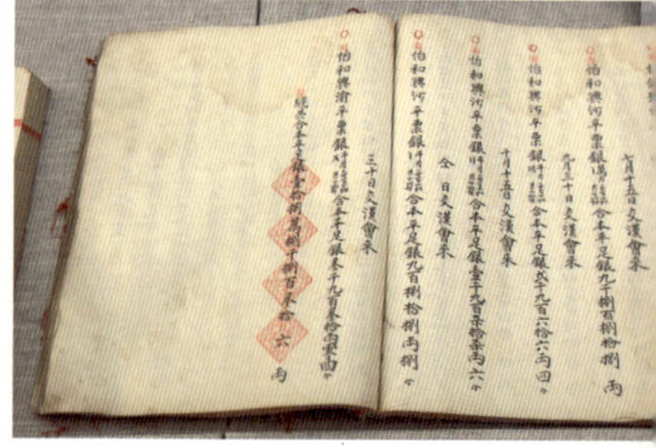

蔚盛长及蔚长厚票号账本

“蔚”字号所留下的账本，是研究票号的重要历史资料。

◎ 蔚泰厚铺面

侯家第一所票号，以毛鸿翙为掌柜，发展规模庞大，可与日升昌票号一较高下。

蔚长厚：15 万两

当时“蔚”字号在上海、苏州、杭州、宁波、厦门、福州、南昌、长沙、常德、汉口、沙市、济南、北京、天津、沈阳、哈尔滨、成都、重庆、兰州、肃州、西安、三原、迪化、广州、桂林、梧州、凉州、开封、周家口、道口、昆明、太原、运城、曲沃等地均设分庄。

随着业务的发展，“蔚”字号人员不断增多，机构日渐庞大。为了严格管理，提高效率，扩展业务，掌柜和股东们协商，请平遥超山书院山长徐松龛（继畬）制定了一套较为完整的号规。对于合资经营者的权限、结账时盈利的分红办法、号内人员的编制和调配升迁、福利待遇等都一一做了明确的规定，使“蔚”字号经营有序，基础日臻巩固。

这时，“蔚”字号的“创业功臣”毛鸿翙已功成名就，退步抽身。他在平遥东邢村老家建起一座漂亮宅院坐享清福，颐养天年，并在“蔚”字号加入股金，当起了“蔚”字号的东家。

第二节　瞒天过海　维护商誉

晋商以重信誉而闻名。正是良好的信誉为侯家的“蔚”字号带来了源源不断的生意，也让侯家拥有了一次分红即得几十万两银子的巨大财富。这样的信誉是平时一点一滴积累下来的。不过，在经商的道路上不会总是一帆风顺。在面对挤兑风潮的时候，侯家是怎样巧妙度过信誉危机的呢？

关键词：瞒天过海　财大气粗

一、瞒天过海

“蔚”字号虽信誉卓著，但为了维护这块金字招牌，侯东家也绞尽脑汁，不惜使出愚弄人的手段。太平天国革命期间，人心惶惶，谣言四起，平遥城内发生挤兑风潮，侯氏总号门前也拥挤着疯狂的百姓。伙计们喊破嗓子都无济于事，眼看票号的门面被撞开了，一场灾难即将发生。在这个关键的时候，骡马队的吆喝声夹杂着铃铛声从街口传来。一长队的骡马，载着沉甸甸的银箱，还有一辆辆满载的马车，在马夫的吆喝下，浩浩荡荡地出现在平遥城的西大街上。挤兑的百姓看着一车车银箱、喜气洋洋的伙计和尾随其后的镖师护院，都深信不疑——“侯老爷家底厚，还怕前来挤兑的一小撮？”他们还听说，装银箱的车队的“大头部队”还在侯氏老家介休没有出发呢。就这样人心稳定了，挤兑风潮平息了。侯东家终于长舒了一口气。其实，那一

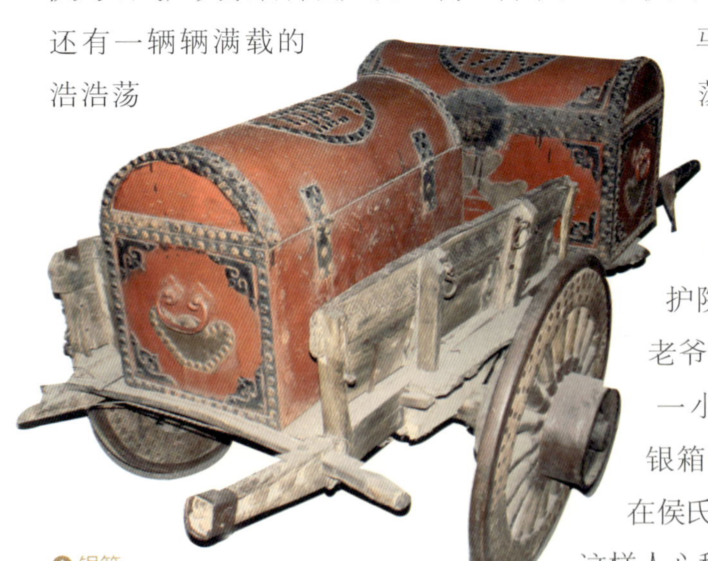

银箱

晋商驮运金银的箱子，往往成群结队进行押运。

箱箱装载的银两，有一半是石头。侯氏用瞒天过海的手段，度过了挤兑风潮。但话又说回来，“蔚”字号的信誉是一点点积攒下来的。

> **延伸阅读**
>
> “三雕”即石雕、木雕和砖雕，是侯家旧堡村、旧新堡村、新堡村建筑风格上璀璨多彩的部分。“三雕”之中以木雕为首。侯家城堡内民居的木雕造型优美，设计奇巧，精雕细琢，尤以立雕和镂雕见长。

二、收入日丰

初创时期的“蔚”字号主要从汇兑和存放款业务中收取汇费和利息盈利，经营对象也主要是各大商店和小商小贩，但这并不能满足其越来越大的“胃口”。它对日升昌票号攀结达官显贵、经营官款汇兑，白花花的银子如流水般出出进进颇为眼热，随即也出入王府，交结权贵。1873 年清廷兵饷不继，“蔚”字号迅即借给 20 万两白银。曹锟贿选总统急需红狐皮袍 400 件，“蔚”字号不分昼夜四处访求购买，办理“皇差”。因此，“蔚”字号的主顾发生了根本性变化。举凡官家粮赋税款、兵饷丁银、清政府横征暴敛之财甚至贪官污吏收受贿赂所得的“灰色收入”都由其办理。一纸汇票过手，几十万两银子即到，利润自不待言。每次分红，一股就可得银万两。

在光绪三年（1877）大旱时，山西巡抚曾国荃向晋中各票号募捐赈灾银 12 万两，其中仅“蔚”字号东家侯荫昌就独捐 1 万两。曾国荃为此送给他“乐善好施”的牌匾。其实，这区区万两银子对“蔚”字号来说算不得什么，只不过是九牛一毛，无关痛痒。财大气粗的侯东家，每逢开账分红，几十万两银子都源源运进了北贾村侯家大院。

元宝

多为白银铸成的大银锭，是财富的象征。

第三节　改革失败　票号倒闭

随着时代的发展，现代银行登上了中国金融界的舞台。清政府的银行与外国在华银行对传统的票号造成了巨大的冲击。而“蔚”字号却沉浸在过去的成就中渐渐腐化堕落。作为侯家的有识之士，经理李宏龄毅然发起了票号改革，却由于守旧派的故步自封最终失败。盛极一时的“蔚”字票号也随着时局的动荡纷纷倒闭，再也不复昔日的辉煌。

关键词：票号　改革　重创

一、腐化与挑战

侯家票号盛极一时。但到了后期，各地分庄经理级执事人员逐渐养成了作威作福、骄奢淫逸的作风。“蔚”字号北京分庄经理与庆亲王交往甚密，出入官府有专用车轿，俨然清廷官员。汉口分庄经理王仲文，赌博一次就输掉万两银子。福州分庄经理张石麟，20多年给总号上缴利润60万两银子，剩余的吸大烟、赌博，肆意挥霍，总号对之无可奈何。这些经理们在穿戴上更是单夹皮棉、绫罗绸缎，夏天一日三换绸衣，冬天一日三换皮衣。汉口分庄经理李作梅，夏天穿的绸衫是派专人到杭州定制的六机绸。据说这种绸子需要换6种机器才能织成。什么猞猁皮、金丝猴皮、貂皮、水獭皮，应有尽有。各分庄讲究三房：门房、厨房、裁缝房。当地的金珠店、皮毛店、绸缎店尽先把上等货物送票号的经理选购。

李宏龄像

李宏龄，字子寿，山西平遥县源祠村人，先后担任过蔚丰厚票号北京、上海、汉口等分庄经理。他率先倡导票号改革，见识远大。

蔚丰厚驻北京分庄经理李宏龄，见到“蔚”字号经理的种种腐化作风，曾给当时的财东侯从杰写信：“近日所见各号情形，大非历代东君手创规则。领事者腐化堕落……若不及时挽救，为时再久，东君虽有所知，挽救已无及矣。”但东家终究束手无策，往日的规章制度形同虚设。

恰在此时期，票号也遭遇了寒流。首先是来自现代银行的挑战。光绪二十三年（1897），中国通商银行成立。到宣统三年（1911），国内一共设立了官办和商办银行17家。这些现代银行都以开展汇兑为主要业务之一，这便使一向以汇兑业务为主的票号受到重创。

光绪三十一年（1905）和光绪三十三年（1907）户部银行和交通银行分

汇丰银行

英国在华开设的银行，对中国的票号业务造成了很大的冲击。

别成立。它们利用清政府的特权，对票号的业务造成了更大的威胁。户部银行总号在北京，上海、天津、汉口、库伦、恰克图、张家口、烟台、青岛、营口、奉天（今沈阳）等地都设有分号。光绪三十二年（1906），清政府批准，凡设有户部银行分支行处的地方“应行汇解存储款项，均可随时与该行商办”。通商、户部、交通银行利用各自所握的权力，在汇兑业务上因利乘便，有力地削弱了票号一向占据的优越地位。

其次，外国在华银行也极力与中国票号争夺汇兑业务。从 20 世纪初开始，外国银行在华势力日益扩张，对票号的业务造成了很大的威胁。如天津对上海的棉纱款项年汇兑额约 1 000 万两，其中由外国银行经办的竟占一半，中国钱庄银号经办的约占 30%，而票号经办的只占 20%。

二、失败与没落

光绪三十四年（1908）李宏龄鉴于金融界的大变革，认定只有将票号改组为银行才有出路，乃与游历过日本的祁县票商渠楚南一起，联合京都祁县、太谷、平遥三帮票庄，致函山西“蔚”字号的总号，要求改组为银行。同时，致函各地票庄，征求意见。各地票庄纷纷来函，表示响应京都票庄的建议，要求改组票号。

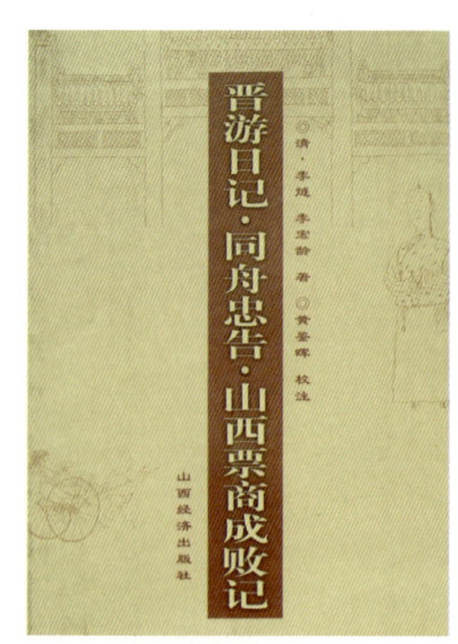

◇《山西票商成败记》

李宏龄著，阐述了票号改革的思想、计划和经过，体现了李宏龄在金融业方面的远见卓识。

但是，由李宏龄发动的这一票号改革计划，遭到了“蔚”字总号守旧者的极力反对。李宏龄在《山西票商成败记》中记述说：“其时，各号之执牛耳者，首推总号某公，闻之大不为然……宏志在必成，戊申（1908）冬，复通函各埠，征求意见，公信所至，居然异口同声，函劝总号，谓不及早变计，后将追悔无及，方期众志可以成城。不料某公阅之，乃愤然曰：银行之议，系李某自谋发财耳。如各埠再来函劝，毋庸审议，径束高阁可也。宏龄至是如冷水浇背，不得不闭口结舌，而筹办银行之议，烟消云散矣。”李宏龄在这里所说的总号某公，即指蔚泰厚票号经理毛鸿翰。当时，山西祁县、太谷、平遥三帮票号虽有 20 余家，但以平遥侯氏的“蔚”字号势力为大，在“蔚”字号中又以蔚泰厚票号势力最大，故蔚泰厚票号总经理毛鸿翰在各票号中影响最大。但毛鸿翰从光绪二十四年（1898）出任蔚泰厚总经理以来，长期住在平遥县城，对于外界一切大事漠然不知，加之已经 60 余岁，精力衰落，思想保守，意在维持。这样，李宏龄等发动的票号改革计划，就在毛鸿翰为代表的一些守旧势力的破坏下，成为泡影。

辛亥革命前后，侯家票号伴随着金融巨变和时局动荡，每况愈下。“蔚”字号汉口、成都、西安、重庆、兰州、昆明等地分庄都不同程度被抢劫，大火三日不灭。天成亨各处分庄损失 30 多万两白银；蔚泰厚各地分庄被抢现银 2 万多两；蔚盛长各地分号损失现银 7 万两；新泰厚各地分号被抢现银 8 万两。影响所及之地，存款户都纷纷提款，形成挤兑。有些分庄经理伙友乘机虚报损失，还有的携款潜逃，侯家票号一片混乱局面。清廷灭亡之后，侯家的财力日渐空虚，在票号遭遇全国挤兑的风潮中，无力应付，逐个搁浅。

第四节　挥霍斗富　家道衰落

各地“蔚”字号被抢、被烧、垮台倒闭的消息接踵而至。侯家的太太少爷们非但没有危机感，仍然养尊处优，沉浸在豪华奢靡的贵族生活中。

关键词：挥霍　衰亡

一、侯家开支

侯氏自兴域后，泰来六兄弟虽是分立门户，但商业经营仍在一起。具体办法是各门在各号均有股俸。如蔚泰厚光绪五年（1879）重立的合约中，共有股俸二十四点二个，除外姓六家的八点一个外，侯氏共有十六点一的股俸，其中合有的九点一个，长门零点七个，二门一个，三门一点五个，四门零点六个，五门两个，六门一点二个。这样，对各商号须有一人主持管理。侯氏各门的

车

晋商所用的代步工具，也成了侯家子弟竞奢斗富时赛车的工具。

主持又向来由三门主持，即先后由培余、荫昌、从杰掌管。侯氏众兄弟因三门给各门管理商号，特别在各商号给三门另立空股，后来这份空股作为侯氏宗祠的开支，并拿出过一些收入作为地方公益开支。

侯氏家大，商号又为其家族共有，家中设有总管，经理银钱，并规定各门花费限额。

延伸阅读

李宏龄不但卓有远见，而且为人极重义气。事业发达后，不忘当年的保荐入号人曹惠林。当曹惠林病故后，曹家极为贫寒，李宏龄便主动负责赡养其妻儿子女十余年，直至其子女长大成人，能自谋生计。

二、从挥霍到败落

侯荫昌之子从杰（1848—1908），也是位经商能手。据《侯从杰墓志》称："君姓侯氏，讳从杰，字卓峰……诰授通议大夫，赏戴花翎，郎中衔，光禄寺署正加四级贡生。……世以权奇子母为业，委任志成，推心置腹，以信为主，虽支部几遍全省，千里一呼无不相应。庚子以后，海内商业大局岌岌，君独筹划周密，他商亦均取其法，偶有岔事，得君一言而解。"侯从杰去世后，由其妻王氏代管"蔚"字号商事，人称"侯四太太"。这时"蔚"字号已呈现江河日下之势。但侯家豪华奢侈之风仍旧。侯从杰的葬期用了6个月，开吊3开，统共花费白银1万余两。

侯荫昌的侄孙侯奎，是介休赫赫有名的挥金如土的阔少爷。当时介休流传着这样的话："介休有个三不管，侯奎灵哥二大王。"三不管中第一位就是侯奎，灵哥是介休大财东冀国定的长孙，二大王是郭寿先，是介休大财东郭可观的弟弟。这三人在平遥、介休一带仗着有钱有势，横行霸道，无人敢惹。他们平日声色犬马，

椅

侯家生活奢侈，桌椅家具无不精美豪华，价值不菲。

竞奢斗富。一次，侯奎在太谷某绸缎店里吃了一顿饭，饭后经理请他选购绸缎，侯奎一时兴起，当下便把该店绸缎全部买下。灵哥听说此事，也不示弱，恰巧有一钟表店主请他吃饭，饭后灵哥便把该店的钟表全部买下。每年九月二十日至三十日介休张兰镇兴办10天庙会，侯奎、灵哥都要带仆从、车马来赶会。他们在会上以赛车赌输赢，一家是景泰兰十三太保车，一家是关东灰鼠里围出风车，驾车的骡马都是不惜重资购买的上等好骡马。他们以燃两寸香的时间为准，由张兰镇西门跑到东门，再返回。看热闹的人拥挤不堪，快马如飞，常有踩伤人的事件。二位阔少毫不理会，只顾自己取乐。他们还用钱票点火吃水烟斗粉，一张钱票被烧掉相当于没有了50斤白面。这种斗富方法，可谓极尽挥霍之能事了。侯奎只活了43岁。辛亥革命以后，侯氏各地商号接连被抢、被烧，纷纷倒闭。但侯家的太太少爷仍然过着养尊处优、腐化奢侈的生活。他们吸食鸦片，每餐必酒肉海味。经济来源断绝了，就坐吃山空，靠出卖财产过活。到抗战前夕，显赫一时的介休侯家末代子孙侯崇基已日不果腹。不久日军侵入山西，侯崇基终因烟瘾发作和冻饿而死。

侯氏家族在家资雄厚之时，曾在老家介休北贾村接二连三地大兴土木，先后修建了3个村堡，这就是现在的介休市旧堡、旧新堡、新堡3个村落。如今在介休市张兰镇旧新堡村，侯氏的宅院已破败得不成样子，但从其三纵三横、整个村庄同一规格的建筑气势中，侯氏当年之兴盛仍可见一斑。

晋商所用物件

不论是碗碟，还是烟丝盒、鼻烟壶，每一件都珍贵而精巧。

第八章

亦官亦商　灵石王家

在晋中的巨商豪族中，最先发迹的应属灵石县静升村的王氏家族。

灵石县静升村位于晋中市最南端，距离省城太原 140 千米，地处汾河中游，在晋中和临汾两盆地之间。县境东部属于太岳山区，西部是吕梁山区，汾河自北向南切割韩信岭，形成一条狭长的“雀鼠谷”。

静升村依着风景秀美的绵山，傍着清水萦绕的汾河水，一条大街横贯东西，九沟、八堡、十八街巷散布于北山之麓。坐落于河畔的王家大院、红庙和文笔塔等古建筑群，以及现存大大小小的店铺、典当行、水井、石板小路、戏台等见证着古老静升悠久的历史文化，依稀可见当年静升繁荣的景象和独特的人文气息。

第一节　元代肇始　宝地建宅

王家先祖靠卖豆腐为生，凭着上乘的质量、清香的味道、十足的分量打出了名声。王家的诚实与善良换来了丰厚的回报，渐渐从自耕农、小货商发展成为了名震一方的大富户。

关键词：卖豆腐　兴旺

一、先祖奇遇

静升王氏家族为太原王氏后裔，其先祖的一支早年从太原移居灵石，落脚于汾河峡谷间的沟营村（今南关镇沟峪滩村）。元朝皇庆年间（1312—1313），宗祖王实又从沟营村迁至静升村，以佃耕为主，空闲时垦荒自耕，年长日久，渐渐有了几亩薄田，成为自耕农。除了种庄稼外，他还兼营豆腐坊。他做的豆腐货真价实，坚嫩爽滑，气味纯正，清香可口，无论凉拌热炒都能保持原味不变，而且轻易不碎。加之人如其名，实实在在，既保证卖出豆腐的质量，又不缺斤短两，所以王氏豆腐远近闻名。

一天，王实在卖豆腐途中遇到一位老人病倒街头，气息微弱，奄奄一息。见此情景，他立刻放下豆腐担子，背起老人赶回家中，并为老人延医请药，亲自喂药喂饭，寸步不离，对待老人像自己亲人一样，终于使之转危为安。从老人口中得知他是外乡人，热心的王实便劝他安心住下，好好调养，等完全康复了再返家还乡。

老人见他是真心实意也就住了下来。

养病期间，老人除了帮助王实磨制豆腐做些零星活计外，还常常散步，看看村中景色。自幼饱读四书五经、对于风水之事略通一二的老人看到村中繁华热闹，街道旁店铺林立，街前后鸡犬相闻，好一派生机勃勃的景观，心想："灵石县果然是风水宝地，人杰地灵，不是江南胜似江南。我何不为恩人选一生死吉祥之地呢？"于是，从这天起，便在方圆数十里四处勘察。一日，老人走到一个叫鸣凤塬的开阔地后，顿觉此处山明水秀，野花送馨，清爽怡人，不由得心中暗喜："这就是我要找的风水宝地呀。"遂闭目合十，祷念上苍，并许下誓愿。此后三日，老人又选定村西那株张家老槐树东侧，并叮嘱

王家大院门

壮观的王家大院敞开大门迎接四方游客，向众人展示这个豪门世家昔日的辉煌。

王实，日后一定要在此处修建家宅，广植良木，以求荫庇福。老人了却心愿离开后几年，手头稍有宽裕的王实便在此处盖起窑洞，栽了许多树木。果不其然，王家自此人丁兴旺。

二、子孙兴旺

王氏有了积蓄，开始在土窑两侧修建“植槐”“拥翠”两座宅院，子孙陆续扩建，成为后来的“拥翠巷”，人称“王家巷”。据现存《静升村王氏源流碑记》载，早在明朝天启年间，王家已是“士者经史传家，英辈迭出；农者沃产遗后，坐享丰盈；工者彻通诸艺，精巧相生；商者逐利湖海，据资万千”。到清朝康熙、乾隆年间，王家已根深叶茂，名震一方。为了不忘先祖创业的艰辛，直到 20 世纪 40 年代末期，王家后裔还将王实当年卖豆腐的担子供奉在静升王氏祠堂之内。

王家大院

王家财力雄厚、人丁兴旺，其所建造的王家大院气势恢宏，令人赞叹。

第二节　平叛商机　转为官商

王家在不断发展的同时更加注重铺平经营道路。一方面用金钱和义气摆平了黑道劫匪，另一方面设法交好红道官府。粮草军马生意既带来了丰厚的经济利益，又使得王家名扬京城，受到朝廷褒扬，最终成为名门豪族。

关键词：发展　红黑两道　官商

一、家族日兴

明代手工业的蓬勃发展以及山西商贾的迅速崛起，使静升王氏逐渐从耕读传家转向商宦发家。王家从第十世起，有人开始经营棉花、杂货和典当行业，但属初创时期，不具规模，未形成主业，家族仍以农耕为生。王家在农耕、经商的同时，十分注重教育，其家族从八世起，读书人逐渐多起来。至十八世，共有生员 129 人，监生 211 人，且有举人、进士。家族对修文庙、办义学、建学馆等教育公益事业十分重视，慷慨解囊，大力资助。

王氏家族从六世起分为五大支派，为金、水、木、火、土，乾隆五十四年（1789）改为仁、义、礼、智、信。如前所述，王家从十世开始经商，到十一世，资本增多，逐渐成为巨商大贾。据上文明朝天启年间碑记载可知，当时的王家，士农工商全面发展，且业绩显著，资产雄厚，已成静升村大户。

王家从十三世进入清朝。十三世孙王兴旺看到明末以来，平川地区农桑受战乱破坏严重，畜力极为短缺，便瞄准这一商机，携同子侄往返于冀、鲁等地贩卖牲畜。凭着义气信用，买卖越做越大，资本日趋雄厚。

王氏家族繁衍到十四世时，其中一支王谦受、王谦让、王谦和、王正居、王谦美兄弟 5 人，天赋极高，才智过人，家教又好，且有胆有识，敢闯敢拼，在王家创业史上留下了辉煌的一页。他们兄弟 5 人一部分在外闯荡，一部分留守在家，有雄图也有作为：由谦受、谦和四处奔波在外打拼，经营盐粮、绸缎、杂货、骡马等业务，为王氏家族赚取了丰厚的利润；谦让、正居则留

静升文庙

王家重视教育，静升的文庙就是王家出资修葺才得以保存至今。

守家园，经营土地，扩展家业，稳定并扩充了大本营的经济实力。他们经过数年打拼才算真正奠定了王家得以称雄一方的坚实基础。

二、转为官商

相传谦受、谦和兄弟二人，经营时审时度势，由晋及内蒙古，后又扩展到燕赵齐鲁一带。他们在经营中既沟通了“黑道”，也打通了“红道”，在红黑两道上畅通无阻，以至四路进财，家资日厚。

这里的“黑道”无非是那些土匪、山大王之类的人物。对长途贩运的商人来说，除了要应对外部恶劣的自然环境，还有在途中常常遭到“黑道”的骚扰劫掠。一旦途中遭到劫匪的侵扰，这次贩运就会功亏一篑，损失惨重。王家兄弟在长途贩运的一来二去中，发现这些土匪有的也只是抢劫一些贪官污吏，有的也很讲“义气”，所以便利用金钱和“培养感情”的做法，与这些“黑道”中人“化敌为友”，化干戈为玉帛。他们甚至还学会了这些人的行话、黑话，

王家大院屋檐

王家大院不仅壮观宏伟，更处处透露着精巧别致。

了解了他们的做派和习惯等。这样一来，贩运当中被抢被劫的事情越来越少。一次，在贩马途中被土匪拦住去路，王家兄弟凭借机智和对他们做派的了解自如应付，终于化险为夷，平安返里。

所谓“红道”，当然是指官府衙门。谦受、谦和两兄弟凭借同官府的交情，很容易获得一些军需信息，机智的兄弟二人常常利用这些信息和有利条件，获取丰厚盈利。由于谦受、谦和兄弟俩全都擅长交际，能言善辩，既会逢迎，也能自持，还能广交朋友，因此探听了不少“风声”。康熙十二年（1673），兄弟俩住进一家客店，遇到两位军校，二人便与他们谈天说地，茶酒相敬，不一会儿就混熟了。两位军校谈及此次出行源于朝廷近期平定陕西之乱，急需粮草军马，命他俩巡行催办，目前正为此事犯愁。一听此言，谦受当即毛遂自荐，表示兄弟二人愿意为国分忧，效犬马之劳。见王家兄弟如此诚恳精明，军校二人喜上眉梢，便与之详谈此事，指点两兄弟如何讨得手令，怎样分头催办。四人话语投机，如遇故人，遂借酒助兴，彻夜长谈，直到天亮方才散去。

王家弟兄将 24 匹良马献给平阳府，支援平叛，受到平阳知府及步军统领的赞赏，从而获得为清军筹集粮草军马的订单，受命为清军筹集粮草军马。王家兄弟从中不仅得到经济利益，政治地位也大大提高。由于有官府做后盾，兄弟二人如虎添翼，一个北上塞外贩马，一个南下中州集粮，同时还筹集到了大量的其他军需用品。二人经商路上一路畅通，所到之处无论是衙门还是村庄，所遇之人无论是官员还是平民百姓，从未受阻。从中，兄弟二人深切地感悟到一纸官印的力量以及官府和商人联手的益处：相得益彰，获利颇丰。

康熙十五年（1676）叛军投降，朝廷嘉奖功臣，众官吏极力推荐谦受、谦和兄弟，赞扬他们在筹措军需方面所做出的巨大贡献。王氏兄弟一时名扬京城，不仅生意挤进了京城，而且店铺急剧增多，业务量激增，家境很快殷实，成为富甲一方的望族，同两渡何家、蒜峪陈家、夏门梁家并称为灵石四大家族。直到康熙六十一年（1722），年已古稀的王谦受还作为京畿富绅，参加了皇上举办的“千叟宴”。康熙帝赐给他的一根龙头拐杖被当作神器，一直被供奉在家族祠堂。乾隆五十年（1785）“圣驾临雍”，赐十六世王中极“黄褂一件，银牌一面”，俟至嘉庆元年（1796）他还参加了朝廷举办的“千叟宴”。由此可见王氏家族与朝廷的关系非同一般。

美丽的院落

官商的优越条件为王家带来了巨额财富，这才有了王氏家族如此美丽的院落。

第三节 亦官亦商 热衷仕途

王家的发达与其官商的身份是分不开的。在生意日渐兴隆的同时，也有越来越多的家族子弟投身官场，形成了高官与富商强强联合的有利局面。从五品到二品，王家子弟的官越做越大，人数也是遍布全国，让王家成为官宦富商世家。

关键词：做官 经商

王氏家族的发迹得益于为朝廷效力，依靠政府的势力发家致富。因此，亦官亦商便成为王氏家族经商的一大特点。

由于王家得益于官，所以发迹之后，日渐热衷仕途，或有或无地淡泊了经商。从十三世至十五世期间，开始做官为宦。王氏子孙或相继科考，或花钱捐官。有的在刑部做过主事，有的在户部做过郎中，还有的做过知府、知州、知县等。十四世王谦受首先以 2 000 两白银为其子王梦简捐了个“州同加五级”官，后又诰授为“中宪大夫”。此后，王家被封典的共有 52 人次，主要包括资政大夫（正二品）3 人次，通议大夫（正三品）3 人次，太仆专卿（从三品）3 人次，中宪大夫（正四品）14 人次，昭信校尉（正四品）2 人次，朝议大夫（从四品）6 人次，奉政大夫（正五品）5 人次，奉直大夫（从五品）4 人次，儒林郎（正六品）7 人次，修职郎（正七品）2 人次。王家最大的官为十八世孙王肯任，二品，曾任户部广西司郎中，候选知府加五级，诰授资政大夫。据不完全统计，在康熙、乾隆、嘉庆期间，王家仅五品至二品官员就有 42 人，各种士大夫 101 人，全国各地从朝廷到乡间，随处可见王家人的身影。

经商与做官联袂：生意越做越红火，官也越做越大。王家殷实的经济基础为其步入官场铺平了道路。

第四节　家资丰厚　善行义举

王家财力雄厚、富甲天下，但是却没有因此为富不仁，反而为乡里做了不少好事，赢得了乐善好施的美名。王家的家资之丰，从现在留存的王家大院便可见一斑。气势恢宏的王家大院建筑群占地面积极为广大，犹如一座城堡。其中的雕栏画栋、装潢摆设更是精美华丽，富有艺术气息，充分体现了主人的富贵高雅。

关键词：乐善好施　王家大院

一、为善乡里

从经商到做官，王氏家族家资日丰，对乡里乡亲的善行义举也逐渐增多，颇受当地百姓称道。

王家孝义坊

王家祠堂前所建之牌坊，为王家 15 座牌坊仅存的一座，雕刻精美，具有很高的艺术价值。

鸟瞰王家大院

王家大院占地超过 25 万平方米，房屋 2 078 间，堪称晋商大院之首。图为王家大院红门堡建筑群。

首先，王家对待本族老小关爱有加。族内的鳏寡孤独、老弱病残在一定年龄和时间内，均给予定额赈济。对于村里人的求助，也是鼎力相助、有求必应。有孤儿寡母生活艰难者，他们便把孩子带出去谋生；族内某家衰困，族人争相救济。此种风尚不仅在当时意义颇大，并且被后人传颂至今。

其次，王家对村中的公益事业颇为热心。王家十三世王佐才曾在柏沟村兴办义学，并买地 20 亩资助教师。十五世王梦鹏子承父业，进一步扩建义学。十七世王如玑，乾隆乙卯年（1795）大旱时，曾命长子王肯为“捐金数千”。十七世王如琨嘉庆年间从京返乡路过平定时，正好赶上东天门石路修筑。他见工程艰巨便慷慨解囊，捐银 1 000 两。当地官吏把此事禀报皇帝后，龙颜欢悦，遂赐“好善乐施”四字。此外，王家还在村前小河上修桥 4 座，200 余年沿用至今，并有碑刻记载。俗话说，路桥相连。王家在静升一带还修了 3 条路，其中最长的一条修建于乾隆年间，从本村一直通往晋东南一带。同时，王家还在路旁修建了客店，备有皮袄多件以方便夜间路人投宿，解除路人的烦恼和痛苦。这样一来，老百姓都感激得赞不绝口，说这实在是一项惠及百姓之举。

二、宏伟大院

谈到晋商，我们不能不提及晋商大院。这些大院以其别致的风格、宏大的建筑规模、精细的雕琢以及丰富的文化内涵而闻名于世，成为晋商留给后人的一笔宝贵遗产，同时也再一次向世人展现了晋商曾经的风采和辉煌。说到王家，人们自然联想起庞大宏伟带有“王”气、霸气的王家大院。王家从发迹以来，就开始营造其住宅，其中25 000平方米建筑面积的红门堡是一组全封闭城堡式的建筑群，堡门高大，堡墙坚固，从高处看，既隐一个“王”字在内，又附会一条龙的造型。把家族姓氏以建筑的形式永屹于一面山坡，真可谓匠心独运，其中也蕴涵着祈愿王氏家族永远兴旺的深意。至于龙的附会，村民代代相传，都说那高高扬起红彤彤的堡门就是龙头，底层一排房院东西两头的两眼水井是龙眼，堡内贯穿南北的主道就是龙身，道上的鹅卵石是龙鳞，主道两旁的小巷是龙爪，堡后的柏树是龙尾。作为富甲一方的名门望族，家业蒸蒸日上犹如巨龙腾飞，因而龙的附会隐含着王氏家族腾飞的寓意。

◇ 高家崖

王家大院建筑群之一，面积广阔，房屋错落有致。

王家大院木雕

王家木雕精巧华丽，具有浓厚的民族特色和艺术气息。

王家大院的另一建筑群是高家崖建筑群。据说该建筑群是利用王家第十七世王汝聪、王汝成兄弟二人在外经商做官所得银钱利息建造并从嘉庆元年（1796）起历时 16 年才修建完成的。高家崖与红门堡都是建筑在黄土高坡之上，不同的是高家崖高低错落，院中有院，门中有门，前院后院尊卑有序，南北特色兼具。

王家大院的建筑，以三雕艺术闻名海内，其中又以木雕窗棂、石雕匾额引人注目。这其中既有文人、士大夫和画家的介入，也有美学家理论上的指导，从而创造出儒雅大方、韵味浓厚、内涵深邃、饱浸乡风民俗、丰富多彩的装饰艺术，成为中华民族传统文化的重要组成部分。王家大院把众多的吉祥如意图案经过艺术加工，装饰在建筑物上，用凤凰戏牡丹、喜鹊登梅、修竹劲松等木雕窗户小景取代了窗棂，使普通的窗棂显示出浓厚的情趣，让主人能够足不出户就领略到世间的万种风情。同时，把山水画置于居室之内，使自然景观和主人的起居生活紧密联系在一起，陶冶情操，净化思想，提高审美情趣和道德境界。王家大院的匾额艺术装饰着各院落入口处的门楣和厅堂。材质有木质、石

王家大院石雕

王家石雕工艺精湛，形象生动，文化内涵深厚，每一处都是精品。

质和砖质，内容大多取自于《易经》《尚书》《诗经》以及史书、子书之中，可以说无一字无来历，无一事无出处，古色古香。至于匾额雕刻艺术则十分精湛，形象生动，手法各异，对大院起了画龙点睛的效果，使整个建筑生机盎然，意境深邃，为主人的清高洁雅增添了几分秀气。

纵观王氏家族600余年之踪迹，先祖创业艰难，由贫困到富裕，由蛰居到振翅，亦商亦士几度辉煌。既闻名于朝廷，也显赫于乡野。虽最终随着清王朝的覆灭而销声匿迹，但王氏家族辉煌的历史和矗立在静升的宅院，给后代子孙留下了丰富、珍贵的文化遗产，供后人凭吊。

第九章

挖宝起家　临汾亢家

清初，有一年山西大旱，万民祈祷老天降雨，富商“亢百万”却洋洋得意地说：“上有老苍天，下有亢百万。三年不下雨，陈粮有万担。”这“亢百万”何许人也，竟然如此口出狂言？

“亢百万”，乃清代山西临汾亢家堡的巨富。传说李自成自北京败退后，由河北进入山西，经晋中、临汾退到陕西，在京所掠金银财宝，仓皇撤退中携带不便，埋入地下，被农民捡得，经商致富。这其中不仅有临汾县亢家堡亢家，还有祁县孙家河的员家、万荣县荣河老城的潘家等等。所以，张一銮有歌曰：“莫打鼓来莫敲锣，听我说段因果歌，自从那李闯败北京，农夫掘地财主多。”

传说终究是传说，即使亢家捡得闯王遗金，也不可能成为数百年的巨富。“亢百万”是怎样致富的呢？

第一节　临汾亓氏　贩盐致富

家有金湖银海，必有源头活水。“亓百万”的万贯家产是怎样积累来的？原来，“亓百万”乃是明清时期大名鼎鼎的盐商。他从贩盐起家，在扬州盐区大显身手，终成富可敌国的巨商。

关键词：亓百万　盐商

一、揭秘“亓百万”

亓百万像

亓嗣鼎，人称“亓百万”，山西临汾巨富。关于他的传闻逸事众多，大都和其财富有关。

临汾亓氏家族致富是在明朝，“亓百万”乃亓嗣鼎，明末清初人，到清康熙末年仍然健在。他是一位自幼笃志力学、一生勤奋的成就事业者，也是一位孝子，对母亲特别孝敬，且抚养侄子，如同亲生子女，“居乡优多义举”，经常为大家举办公益事业，被《临汾县志》载入“义行”。他有一位堂兄弟，叫亓嗣济，是康熙年间的监生，曾经担任河南通判。

但是，也有人说“亓百万”恃富骄横，是一位贪婪无比、为富不仁的大盐商、大当商、大钱商、大粮商、大地主，家有“仓廪多至数千”，“人以‘百万’呼之”。所以，才有前述“上有老苍天，下有亓百万”的狂言。

二、盐商巨富

山西临汾亓家，致富起于贩卖食盐，是明清有名的大盐商。

山西富室起于盐者，最早可以追溯到战国时期。鲁国穷士猗顿，衣食不给，求救于陶朱公，“用卤盐起”，在山西运城经营潞盐，成为巨富，“资比王公，名驰天下”。临汾亢家离运城只有不到300里，必然也会介入潞盐买卖。不过历代盐业由政府统管。朱元璋推翻元政权后，北方并不安定，元政权的残留势力盘踞北方，常常伺机侵扰。朱皇帝被迫在北方修建“东起鸭绿，西抵嘉峪，绵亘万里，分地守御”的长城，先后设置辽东、宣府、大同、延绥、宁夏、甘肃、蓟州、太原、固原等边防重镇，统称九边，驻扎80万边防军，抵御外族入侵。如此庞大的队伍，人用马食，费用浩繁。最初，是用军屯的办法解决军队粮食供给。但是北方无霜期很短，天寒地冻，军队自给粮食困难很大。山西行省建议皇上，令商人在大同仓交米一石，太原仓交米一石三斗，发给淮盐一小引，相当于200斤，商人在边关交米后，拿着政府发给的“盐引”到指定盐场领盐售卖。朱元璋采纳了这一建议。于是，山西商人捷足先登，辇粮北上，扬州、两淮盐场便成为营运中心，明清之际扬州的财力仍然雄踞全国各大盐区之首。盐场上的山西商人尤为活跃，在扬州尽显风头。

有学者写道：“万历时，资本在广陵者不啻三千万两，每年子息可生九百万两。”“向来山西、徽歙富人之商于淮者，百数十户，蓄资以七八千计。”尽管这些数字不是现代电脑精确计算出来的，但是明清官方史书也确认这样一个事实：扬州盐商是天下第一富豪。

盐具

古时制盐器具，造型精巧。

盐池

盐池是池盐的生产地，为盐商带来巨大的财富。

根据历史资料的记载，“康熙时，平阳亢氏、泰兴季氏，皆富可敌国，享用奢靡，埒于王侯”。这亢、季两家都是盐商。时人钮琇说：“江南泰兴季氏与山西平阳亢氏，俱以富闻于天下。”泰兴季氏是指季沧苇，清初官僚地主，康熙初年“以御史回籍后，尤称豪侈”，建有豪华住宅，“其居绕墙数里，中有复道周巡”，雇有60余人的卫队巡逻。而山西临汾亢氏，且不说在山西老家如何，仅扬州寓所，就屋宇宏伟得令人咋舌，还在扬州城西北角虹桥小秦淮河附近建筑一处“亢园”。“亢氏购园城阴，长许里，自头敌台起，至四敌台止，临河造屋一百间，土人呼为百间房。”这“亢园”就是今日扬州瘦西湖公园的一部分。另外，亢氏又在小东门外，建有“亢家花园”一处，成为扬州的显贵。

亢氏在扬州的资产到底有多少，谁也不清楚。《扬州画舫录》说 ：“亢氏业盐，与安氏齐名，谓之北安、西亢。”安是安鹿村（亦说安禄村），为康熙年间的扬州盐务总商，他在接待客人时，灯笼挂到十里以外。扬州盐商常常聚集观看唱戏，各养戏班子，多者不止一个，经常演出名家创作的大戏。清代大戏，洪昇的《长生殿》初出，在扬州的山西临汾亢家，就令自己的家庭

百间房

亢氏在扬州建造房屋百间，人称“百间房”。现今瘦西湖畔百间房为后人仿建。

扬州瘦西湖

美丽的瘦西湖风光别致，亢家当年建造的亢园就是今日瘦西湖公园的一部分。

戏班子演出，光置办乐器、服装、道具等就花费 40 万两白银。其富可想而知。

当时有一位诗人描述山西盐商在扬州发财致富后纳妾的情景时写道：“二十四桥边，当垆谁可怜，妆成窥容坐，不奈数青钱。东家女十三，西家女十五，夜半搴娘啼，嫁与并州估。罗衣束素云，绣履裹纤玉，低回不自前，含娇灭华烛。大艑银万箱，广场盐万廪，峨峨虬髯商，日簇红儿饮。”这并州估者，就是山西商人。

第二节　典当罗汉　垄断当业

亢家在金融领域也有着很强的实力，其当铺、钱庄在山西、山东、北京等地势力庞大，时有欺行霸市的传闻流出。由于亢家资财丰厚，这些传闻往往带有传奇的色彩，典当金罗汉的故事就是其中之一。

关键词：当铺　大富商

山西临汾亢氏不仅是个大盐商，也是一个大钱商。他经营当铺、钱庄，据说还开设了票号。

亢家涉足金融业是从开当铺开始的。当铺是一种赚钱最快的生意，经营消费品抵押贷款，利息很高，所以人们都称其为高利贷。因为剥削太重，清朝政府曾经多次下令：“典当财物，每月取息，不得超过三分。”但是当铺常常是超过三分，违禁取息。亢家的当铺开了多少，现在没有具体数字，但是其实力之强、势力之大、欺行霸市、垄断市场的情况却令人吃惊。

“当”字招牌

旧时当铺外悬挂的招牌幌子。

当铺灯

当铺外悬挂的灯，也具有招牌的用途。

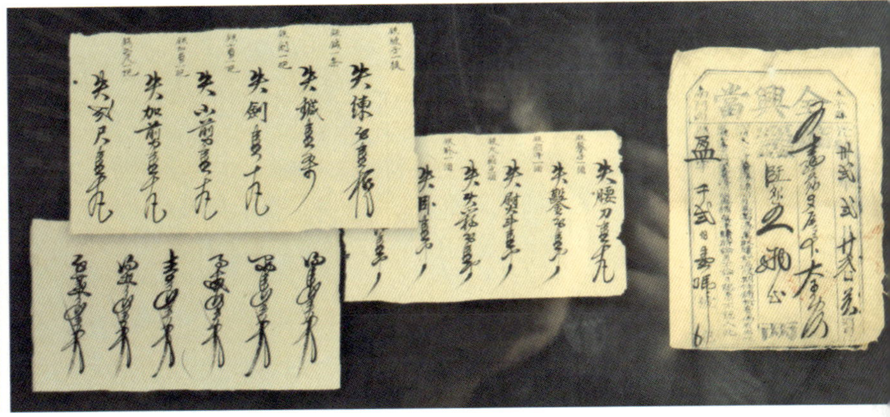

“当”字写法

旧时当票以及其上“当”字的书写。

清康熙年间，亢家在山西临汾城内开设了当铺，别的商人就不敢再在临汾城内开设当铺了。可是有一家人不以为然，在临汾城内也开了一家当铺。有一天，一个人拿着一个金罗汉来其当铺当钱，当价 1 000 两白银。第二天此人又拿来一个金罗汉，又当了 1 000 两白银。第三天还是此人，又拿来一个金罗汉，又当了 1 000 两白银。第四天、第五天……一连三个月不间断，用了 99 个金罗汉当了 99 000 两白银，当铺的掌柜害怕了：“这是什么人，他有多少金罗汉？”便恭恭敬敬地问客人：“先生，您是哪里来的，怎么这样多金罗汉？”客人说：“我家有 500 尊金罗汉，刚刚当了 99 尊，还有 401 尊没有拿来呢。”然后扬长而去。这家当铺掌柜立即差人四处打听，方知是亢家堡“亢百万”差人干的，意在挤走竞争者，垄断临汾城的银钱业。那人便急急忙忙把东家请来商量，然后请了当地有名望的人出面，请亢家赎当，归还金罗汉，匆匆忙忙关门，远走他乡了。

此传说真假姑且不论，但说明亢氏是经营着典当业的大富商。“亢百万”开设的钱庄有多少，现在没有人能够弄清楚。但是，可以肯定地说，他在整个清朝，在山西、山东、北京等地的钱庄势力是很大的。至于亢家是不是开过票号，不好肯定。不过，不管票号、账局、印局，还是钱庄、当铺、银行，都是清代的金融机构，山西临汾亢家是中国清代的金融世家是肯定无疑的。有道是：钱庄账庄汇兑庄，印局当铺与银行，生财生意钱换钱，翻来覆去利无边。

第三节　多粮多地　树大招风

亢家之富名声在外，引来众人觊觎，于是就有了一个又一个的逸闻故事，诸如粮车被劫遇贵人、陈粮万石度荒年、巡抚勒索罚万金等。这些故事展现出了一幅幅生动的画面，一个豪门望族的形象跃然纸上。

关键词：拔刀相助　赈灾　认罚万金

一、富名远播

清代随着城市的发展和商品经济的活跃，粮食贸易规模很大，亢氏就是当时一个大粮商，致力于长途贩运和粮店经营。当时的北京，由于是京畿之地，四方辐辏，买米糊口之人倍繁于他省。亢家的粮行设在前门外大栅栏西口粮食店街，这里是北京城最重要的粮食市场。根据《临汾县志》记载，山西临汾亢家"仓廪多至数千"，在北京开有大粮食商行。传说亢氏从山西临汾到北京，或骑马或坐轿，30多天的路程，沿途不住别人店，每晚都住在自己商铺。根据《清稗类钞》第二十一册记载，"京师大贾多晋人，正阳门外粮食店亢掌柜者，雄于财"。

有一天，亢家"牛车数乘"拉着粮食由外地而来，浩浩荡荡，络绎不绝。途中遇上一位无赖平某，带着一帮恶棍，拦住去路，不仅强行借粮，还要粮行掌柜酒席招待。亢家粮行掌柜无奈，只好送给平某十石大米。但是，平某并不罢休。恰在此时，一位王爷路经此地，问明缘由，遂拔刀相助，令卫兵赶走了强盗。这也许是因为树大招风，正是大粮行遭遇大强盗，亢家有钱难应付。亢氏原籍山西平阳府（临汾），位于汾河流域，是个产粮区。亢氏在临汾有“仓廪多至数千”，藏有米粮“万石”。山西地近畿辅，上述亢氏的“牛车数乘”有可能是从原籍往京城运送。亢氏又在京城开设有粮店，所以亢氏既是粮食批发商，又是粮食零售商。

在临汾亢家堡，亢氏家族“宅第连云，宛然世家”，人呼“百万”。康熙年间，临汾发生一场特大旱灾，从康熙五十九年（1720）三月到康熙六十年（1721）六月，连续十五个月天上没有下一滴雨，两年颗粒无收，赤地千里，饥莩载道，

繁华的粮食店街

北京城的粮食店街曾聚集了亢氏等众多大粮商的店铺，如今这些店铺虽然已经不在，粮食店街却依旧繁华。

草根树皮都吃光了。临汾知县魏星煜动员富户捐粮，设立南北两个粥厂，赈济饥民。由亢家堡“亢百万”——亢嗣鼎领头，还有其他富户共九家负责煮粥，招饥民进食，每天达到一万人以上。接着，朝廷派大学士朱轼来山西赈灾，动用国库储备，拯救饥民。亢家堡的亢嗣鼎、亢在时、亢孳时等十四位乡绅踊跃捐钱捐粮，帮助老百姓度过荒年。这场旱灾一直延续到康熙六十年（1721）六月十五日，能够下种时已经到了中伏天。“亢百万”在关键时刻还是能够做到大富大德，亦属难能可贵。不过，也有人说，民间传说“亢百万”自恃富有，好为狂言，如前所说，他竟然当众扬言“上有老苍天，下有亢百万，三年不下雨，陈粮有万石”。民间传说“亢百万”的狂言得罪了上苍，有一天，天下暴雨，夹带冰雹，亢家的田地里禾苗尽毁，然而别人家的禾苗却没有任何损伤，说这是对“亢百万”的报应。天报虽属无稽之谈，倒是“亢百万”富甲天下，声名在外。

别致的算盘

晋商的算盘不仅是必备的实用工具，更是精美的艺术品。

二、树大招风

有道是“人怕出名猪怕壮”，亢氏家有万贯，富甲一方，引起官场巨贪的注意，康熙年间的山西巡抚葛礼，借讼案勒索“亢百万”的事即是其一。

公元1699—1701年，也就是康熙三十八年到四十年，满族官吏葛礼担任山西省巡抚。其人

算盘

算账的必备工具，商人的好助手。

刚上任不久，就下令全省，要“每两钱粮加索火耗银二钱”，以增加省库收入，花用方便，他也好从中有所聚敛。但是，命令一出，即刻引起全省百姓的群起反对，地主、商人亦无不拍案叫骂，尤其是临汾、汾阳、长治等各府州县反对更烈，于是联名上书，恳请巡抚大人收回成命。因为加索火耗是按纳税比例分摊，富室负担最重，遂推富商牵头。亢嗣鼎作为临汾首富，自然包括在内。巡抚葛礼一见部下送来的呈子，火冒三丈，下令拘捕带头闹事的富室大户，亢嗣鼎名列在首。恰在此时，亢家的山东济南钱庄发生银钱纠纷，要亢嗣鼎亲自去处理。临汾县县令根据山西省巡抚的命令，一次又一次下达传票，亢氏全家气急交加，不知所措，后来想到“钱能通神，何况人乎？”才放下心来：家有钱财还怕一纸通缉令干什么？这时，临汾、汾阳、长治等地富室大户多被拘囚于省城大牢，吃尽苦头。但是亢嗣鼎却已

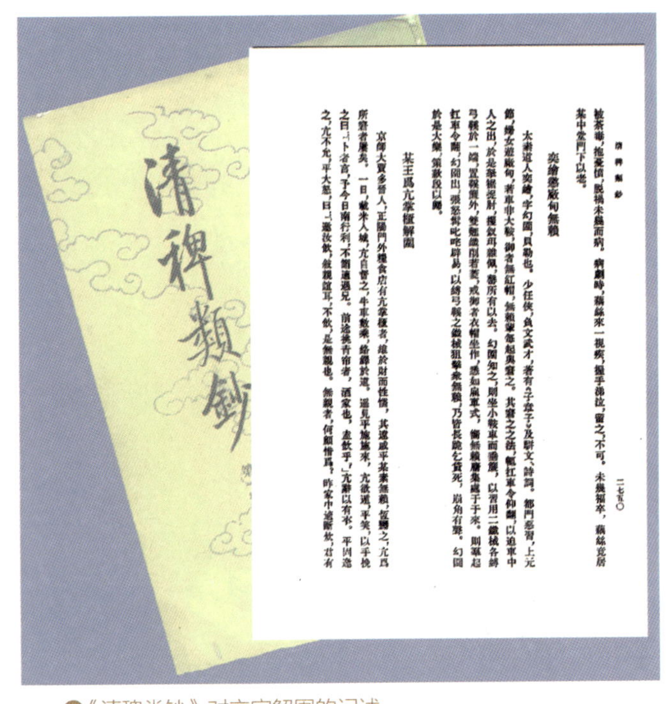

清稗類鈔　二七五〇

被荼毒，抱憂憤，脫禍未幾而病。病劇時，蘇絲來一視疾，握手涕泣，留之，不可。未幾竟卒，蘇絲竟居某中堂門下以老。

奕繪懲廠甸無賴

太素道人奕繪，字幻園，貝勒也。少任俠，負文武才，著有《子章子》及駢文、詩詞。都門惡習，上元節，婦女遊廠甸，者車中大鞍，御者無紅帽，無賴輩每起與窘之。其窘之之法，輒扛車令仰翻，以追車中人之出，於是鬢髻撓折，擾亂珥雜佩，悉所有以去。幻園知之，則坐小鞍車而垂簾，以習用二鐵械各鍥弓弰於一端，置轅前外，雙髻鬑鬑者妻，或御者衣帽坐作，悉如扁車式，御婦賴蔽集於千來。則羣起扛車令翻，幻園出，張怒聲叱咤辟易，以鍥弓弰之鐵械狙擊衆無賴，乃皆長跪乞貸死，崩角有聲。幻園於是大樂，策鞍役以歸。

某王爲亢掌櫃解圍

京師大賈多晉人，正陽門外糧食店有亢掌櫃者，雄於財而性慳，其遂咸平某素無賴，恆覬之。亢爲所窘者屢矣。一日，載米入城，亢自督之，牛車數乘，絡繹於道。遙見平施施來，亢欲避，平笑，以手挽之曰：「卜者言，予今日南行利，不圖適遇兄。前途挑青帘者，酒家也，盍飲乎？」亢辭以有事。平因邀之，亢不允，平大怒，曰：「邀汝飲，叙親誼耳，不飲，是無親也。無親者，何顧惜爲？昨家中適斷炊，君有

◎《清稗类钞》对亢家解围的记述

亢家粮车被劫，某王爷拔刀相助，这段故事记载在《清稗类钞》第二十一册“义侠类”之中。

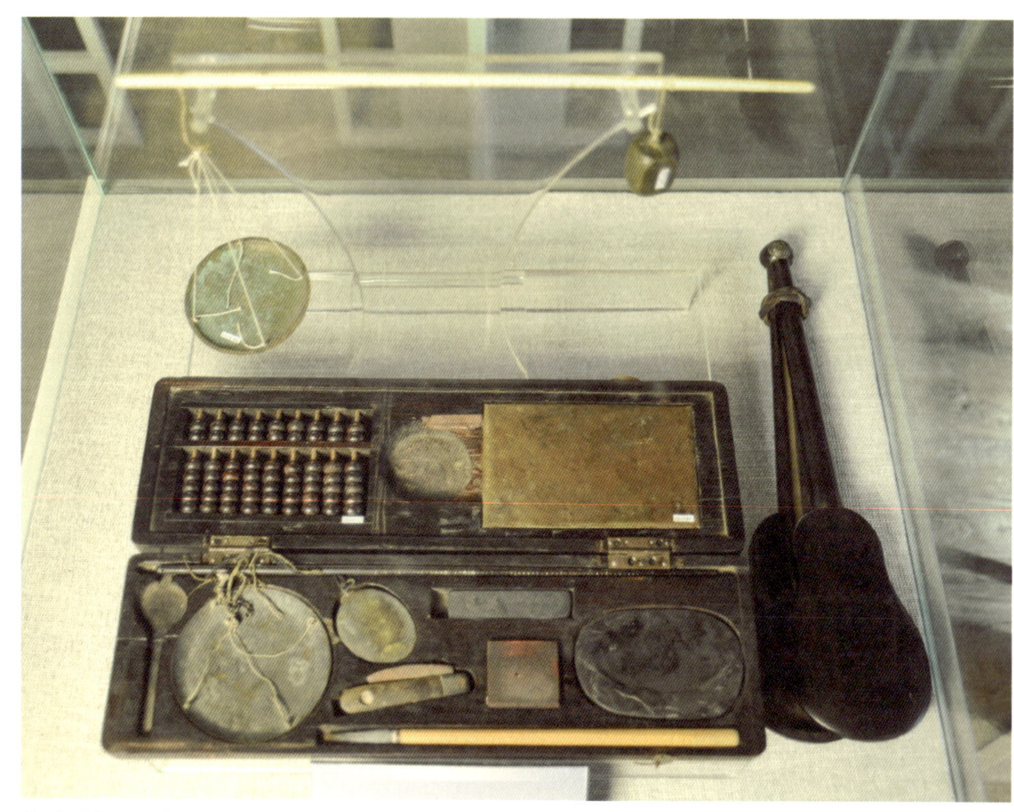

多功能商用盒

功能齐全，便于携带，是晋商行商途中的得力帮手。

经在他的山东济南钱庄处理商务了。那些被拘于省城大牢者的家属们见此，亦均通过人钱关节，以“认罚万金”，得以释放了事。

亢氏清初发迹时有“约计千万”的资产，到清末光绪时“号称数千万”，经过200多年，亢氏资产增加了好几倍，这是亢氏善于经商的结果。亢家以商闻名于海内，直到清朝末年，家业日渐衰微。及至民国，亢氏在山西省内已经败落，省外在北京等地勉强维持到20世纪40年代。其破落的原因，与整个山西商人的衰落是沿着同一轨迹发展的。

延伸阅读

在蒲剧《三疑计》中有一段唱词：“李自成百万军渡河北岸，一马儿围困了平阳城关。平阳府左良玉射尔一箭，射瞎了尔左目不全。一怒间把城关马踏兵践，亢百万助军饷留下东关。”这段唱词讲述了当年李自成攻打平阳城，亢百万捐助军饷保全东关的故事。这又是亢家富贵闻名四方的一个例子。

第十章

银圆山庄　阳泉张氏

在阳泉市赛鱼西北的莱山半山腰，坐西朝东镶嵌着一座气势宏伟的庄园。它就是古州平定西乡的官沟张家银圆山庄。始建于清康熙三十九年（1700）前后的银圆山庄建在30米高、75度斜坡的石崖上，上下落差50米。从底到顶分上下巷两级通道，上巷为三级式四合院，下巷为六级式四合院，有窑洞125眼，房屋185间，地下建筑8 000平方米。10层建筑左依逶迤绵延的馒头山、摩天垴，右傍九曲蜿蜒的官沟河，随形生变，鳞次栉比，错落有致。山庄建筑独具匠心，门内有门，院中套院；兽头龙脊，飞檐斗拱；砖雕石刻，花门闪屏；立栏卧枋，描金绘彩，构成一座别致、壮观的阶梯式庭院。山庄背后的崖顶是山庄主人家的祖坟，百米松岭上，古木参天，松涛涌翠，泉水淙淙。

山庄主人曾以经商为主，在左近州县以及东北、河北、山东一带颇有名气，是明清晋商诸多富商大贾中非常典型的一个家族。那么，张家究竟是如何发家，又经历了怎样的兴盛与衰退呢？让我们一起见证张家300多年的兴衰故事。

第一节　挑担钉鞋　口外兴业

虽说张家祖上便是大户，但真正兴旺起来还是从七世祖张有开始。张有闯荡口外，以钉鞋为业，后发现山西平定铁锅广受欢迎，遂改行经营铁货，创建了商号永义公，使家族走向繁荣。

关键词：钉鞋　平定铁锅

一、追本溯源

官沟张氏本族的起源因史料匮乏我们无从考证。据说是张氏六世张文秀大约在清康熙中期由赛鱼村迁居官沟，繁衍生息而来。《赛鱼张氏族谱》无序，只记始祖为张鹤，张鹤住平定小峪。这样推算下来，则官沟张氏由赛鱼迁来，赛鱼张氏由平定榆关迁来，平定张氏由洪洞大槐树下迁来，本是同根

银圆山庄长庆堂

张家长庆堂分支的房屋，美观别致。

同祖。据考，到清代官沟村只有张姓一族居住。大约在康熙年间，赛鱼张氏六世张文秀迁居官沟，繁衍生息至今300余年，传14世。现有后裔300余人，占全村人口的35%左右。

据《平定州志》记载：张氏始祖张鹏在明嘉靖三十二年（1553）中进士，曾仕山东省益都（今山东省寿光市）知县。由此可见，张氏始祖当年也是威风八面、风光独占的人物。正是由于始祖从山东回乡以后，迁到赛鱼，以他多年的积蓄购得了一些土地，建起了一些房舍，才成为平定西乡的一个大户，由此繁衍成赛鱼的望族。相传数代以后，张氏的门户和人口逐渐发展壮大，但由于分家析产各立门户，有的光景便显得拮据起来。在五世祖张第生的四个儿子张文锦、张文秀、张文相、张文贵中，唯独张文秀不甘目睹家族的颓势，自告奋勇携妻迁居官沟，在半山腰的红土岩上开窑耕地，生儿育女，从而成为官沟张氏家族起源有史可查的始祖。

二、口外兴业

官沟张氏祖先张文秀本来以务农为生，二儿子张有自幼思维敏捷而且忠厚老实。父亲所建立的家业虽然远离大村的繁华，躲开了大路上经常路过的那些兵痞响马的骚扰，避免了许多社会纠葛，但大山外奇妙的世界拥有更为广阔的天地。当张有憧憬未来决定外出淘金时，父亲张文秀欣然同意，希望他能给家族带来额

延伸阅读

唐初，高祖李渊在赛鱼设寿洲治，贞观年间撤除。贞观初年，洲人择地建庙，因赛鱼村东有古柏、古槐，并有头南尾西的土垄围绕，洲人称其为土龙，故寺院建于古柏东面，土龙围绕之内。寺院于贞观六年（632）落成，至今已有1 300余年历史，历史上曾多次维修增建。

延伸阅读

官沟村原名观沟，坐落在菜山脚下，一直是赛鱼村的一个自然小村落。这里绿树成林，郁郁葱葱，鸟语花香，泉水潺潺，风光秀丽，向世人展示着一幅美丽的纯天然画卷。早在隋末唐初（公元618年前后），赛鱼村村民便在观沟实树洼一带的茂密丛林中集资修建了一座观音庙，由此得到“观沟”一名。后来，由于观沟各堂号的东家老爷们都有花翎顶戴、红缨亮帽、补衣朝服，使得后人都以此来炫耀其祖上的荣耀，且因人们嫌繁体字“观沟”笔画烦杂而书写不易，将其改名为官沟。这样，“官沟”便正式取代了“观沟”。

外的收入。

张有挑担钉鞋云游到了口外，在热河省黄谷屯（现河北省承德市）一家冀姓商铺门前摆摊为生。所幸这姓冀的是山西介休人，老乡相处，互相关照，非常亲近。历史上平定的铁锅一向以质优价廉而著名，当张有用这铁锅做饭时，引起当地人的兴趣。山西平定特产的“获鹿锅”不仅做工好，耐水火，而且外形小巧玲珑，薄而光滑，与当地的大铁锅相比，精致了许多。因而有人就托张有回家时代买，而且对这种锅的评价很高。时间一长，请求代买的雇主越来越多。冀、张两家感到这是一个生财的门路，于是张有改弦更张，开始用手推车长途贩运平定铁锅，在冀家杂货店销售，生意很快火了起来。随后两家便合伙办起了铁货铺，开始经营铁货。由于买卖越做越大，铁货供不应求，张有便改用骆驼和马车运输。不久，他开设了自家的商号，定名为永义公。这便是官沟张家的发祥之始。正是山西平定的铁锅为其带来了无尽的鸿运。从此，张家一步一步走向兴盛。

第二节 创建联号 经营发展

张家的生意不断发展，不仅建立起一家家铁货铺联号，更将经营范围扩展到生活的方方面面，成了名副其实的大商户。随着家族的兴旺，张家渐渐有了几大分支，而在各门之中尤以三门敦厚堂为盛。正是敦厚堂的张士林将张家带入了新的辉煌。

关键词：“永”字号

一、业务拓展

通过数代人的努力，张家在承德苦心经营的永义公商号生意大大兴盛起来，家业也日益丰盛殷实。有了一定的资本积累，张家又通过在故乡、河北和关外各地创建联号的办法，扩大经营规模，谋求更大的发展。道光年间，张家首先在河北获鹿建立了联号永太公，专门收购山西平定、阳泉一带的铁货向外地转运，如三泉灶锅、杨家庄擦锌锄板、荫营大锅、维社双耳铛、河

银圆山庄

张家生意有了发展以后便在官沟兴建房屋，形成了后来著名的银圆山庄。

银圆山庄院落

恬静的院落透出古朴的气息，向众人展示银圆山庄当年的气派。

底蘑菇钉、炮钉、白泉锹等；后又陆续在赤峰设立了义和公，在锦州设立了永和公，在山西、河北、辽宁、吉林等地都设立了联号。

张家联号同时扩大经营范围和品种，由经营单一的铁货发展为经营绸缎布匹、钱庄票号、粮油米面、典当租赁、日用杂货、旅店茶庄等。如在海城，同赛鱼姚家合股建立了永太奉商号，经营棉布和洋货。民国初，张家在锦州买下榆次常家的一个钱庄和一个茶庄。正太铁路通车后，获鹿的永太公迁到了石家庄，又接管了一个钱庄，定名为永太昌。在阳泉，张家设立了太合公，负责货物转运，还设立了玉昌、恒昌洋货铺。在寿阳县城，张家设立了铁货铺和钱庄，在阳泉郊区辛兴村开办了当铺永福当。在官沟，张家设立了赁货铺，还设立了长太隆小店铺，解决各户日用杂货。为联络外地商号，张家在赛鱼设立了庆隆号，还先后开设了万盛店、开顺店、三合店、小南店、大东店、永和店等 10 多处车马旅店，以留宿外地客户。“永”字号的发展，有起有落，最为兴盛的时期是在清道光十年 (1830) 前后至民国初年。最兴盛时期的资本大约达到三四十万两白银，大小铺面40余处，从业人员二三百人。

除经营各地商业外，张家还将一部分土地出租，以解决本家吃粮问题。赛鱼村约有200多亩的上等土地，基本被张家垄断。在白泉、杨家庄一带的300多亩租米地，统一由张家在白泉的商号增长隆管理收租，由大西庄张雨田和上庄赵国柱掌管。由于张家的主要经济来源不是土地，所以地租较低，约在一二斗之间，人们都愿意租用张家的土地。张家土地收入寥寥无几，每年大约只有四五十石。这些粮食除供给官沟东家一年所需外，其余出售，用于缴纳税赋和维持增长隆的生意、维护耕地。

二、人才辈出

张家在传到三世张得成、张得明、张得高三兄弟时，分为永庆堂、广和堂两大股和忠义店一支。永庆堂分为长庆堂、德庆堂、三义堂和忠信堂四门。广和堂分为忠和堂、义和堂、致和堂、天赐堂和孝友堂五门。忠义店一支因弟兄不和又迁返赛鱼居住。三义堂又分为崇本堂、敦厚堂、进修堂三门。

当三世“得”字辈的“永”字号生意兴盛时期，广和堂、永庆堂在经济收入上相差无几，各占一半。到五世“汉”字辈时，资本的积累开始分化。清朝末期，永庆堂在“永”字号的生意分为四股，长庆堂、德庆堂、三义堂、忠信堂各占一股。到七世“大”字辈上，长庆堂、德庆堂和忠信堂三家无人执掌，四大股财产统一由敦厚堂张大聘一人掌管。“永”字号的生意计划、决算分配、税赋缴纳、公益捐赠等，均由张大聘代表永庆堂拍板定夺、出面料理。这在平定旧县志上都有记载。张大聘生有二子，长子张士枚，次子张士林。永庆堂大门、二门、四门在大字辈以后，均无子嗣，所以从三门敦厚堂张大聘名下将次子张士林过继到四门忠信堂张大国门下继承家业。张大聘年老后，由张士林掌管永庆堂各家的商业。张士林生有三子，长子张鸿寿过继到大门长庆堂门下。张鸿寿也生有三子，又将长子张迁善过继到二门德庆堂门下。这样，经过几代人的过门继承，最后永庆堂原来的四大股家业都集中到了三门敦厚堂张大聘一家，先由张大聘，后由张士林掌管。

张士林接管“永”字号时，因缺乏管理人才，多赔累负债，难以为继。时年18岁的张士林，亲赴寿阳、河北、关东各地处理债务，考察了解情况，根据各号实际情况进行整顿，选贤任能，厘定规章，限制东伙超支。有拖欠无力偿还的，吃亏自认，代为补偿；亏空过大无力复苏的，补给资金，资助其恢复。这样，既改善了劳资关系，又多得人心，使大家通力合作，“永”字号重新振作起来。

随着张氏家族的发展、经营规模的扩大和从业人员的增多，“永”字号实行了股份制形式，所有权和经营权分离。到清道光年间，原来只有永庆堂和广和堂两大股的“永”字号，分为10股，另外还增设了各商号掌柜们的身股。北垴村的杨潇春，在热河永泰公当掌柜，死后就分了三年“空股”。“永”字号每三年结算一次，每次结算都由东家派人到承德，用镖驮把银两运回。各家掌柜都回来，在赛鱼庆隆号住下，请上本村村长、老爷，先到老爷庙烧纸进香，杀猪宰羊祭奠，然后由各商号掌柜交代三年经营情况和下一步打算，再共同商定发展计划。留足再经营款项后，按大股小股均摊。每次都得一两个月才能结清。结算以后，银股的钱由东家支配。身股多余的钱，当年不得随意支取，必须抵押在店内，以示经营人所负的责任。

从同治到光绪末年，是张氏商业的又一次复兴，也是其最后的一次复兴。

银圆山庄全景

张家银圆山庄依山而建，气势壮观，素有“小布达拉宫”之美称。

第三节　精诚爱国　急公好义

张家家主张士林不仅是一名商业巨子，更是一位多行义举的仁人志士。在帝国主义攫取了山西采矿权之时，他联合多名爱国绅士发起争矿运动，赎回了采矿权；在废除科举、兴办学堂的革新思潮中，他出资出力全心支持；在家乡遭灾时，他奋力救助，为张家宅院赢得了“银圆山庄”的美名。

关键词：争矿　保晋　乐善好施　银圆山庄

一、争矿保晋

甲午战争以后，英国商人哲美森与山西巡抚胡聘之在 1898 年勾结盗攫了山西采矿权。1905 年 7 月，哲美森的福公司插足阳泉，在平潭限制当地百姓开采挖煤。张士林义愤填膺，“独奋起纠合同志，组织平定公会，抗疏力争，遥为声援”。他与平定县的爱国绅士李毓惠、黄守渊、池庄、刘焕斗、赵熙庭、廉士升等人多次在官沟家中筹商此事，决定先以保艾公司（平定县古称石艾）

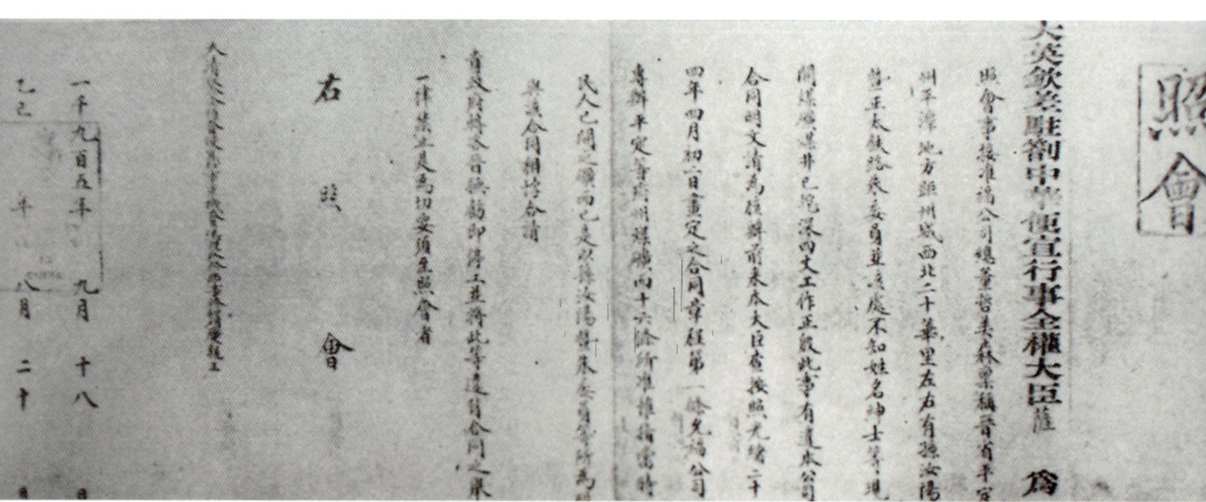
照會

大英欽差駐劄中華便宜行事全權大臣薩

英使馆禁止山西民间采煤照会

英帝国主义攫取山西煤矿资源的铁证。

作为争矿常设机关，再把旧有的和计划新开的煤窑由本公司统一起来，坚持自办，反对出卖。由于争矿运动具有强烈的爱国主义色彩，博得了广泛的支持和信赖，迅速由绅士阶层波及全县民众，平定县 17 个村均相继成立了保艾分会。

张士林不仅积极主动地组织各方进行争矿运动，就连争矿中的请愿、集会、办公地址筹备、雇用办事人员以及接待省城和各界来人等一切费用，他也义不容辞，全部包了下来。这一举动使争矿同仁敬佩至极，纷纷表示了“且相约，誓死不售外地人”的坚定斗志。源于此，史书记载：张士林参与争矿以来，“独立支撑一隅，历时两年余，无少倦意，出资 3 000 白银，支助争矿活动”。石铭（石评梅父亲）先生为他所撰的墓志中写道：墨卿张君“为一邑谋生存，当筹资设局，力保矿产时，曾有代为顾虑多方劝阻者，即至亲契友，且有专函劝止，遣使以速其归，而君一意孤行，不少游移，凡垫巨资，集众议，君皆视为分所当为，无丝毫矜伐之见”。

当赎回矿权，成立保晋公司，接管阳泉大片矿地后，当地有矿产的业主劝张士林入股开矿参与分红时，他竟婉言谢绝，“若无事者，事终悠然而归”，继续经营自己的农商家业，表现出一种淡泊名利的超凡心境。1919 年，在山西省议会任职的平定籍议员黄守渊、池庄等人，呈请省政府，表彰张士林在争矿运动中的首倡之功，省府当即奖其“急公好义”匾额一块，并发文表彰他精诚爱国、绝无博取的崇高精神。

延伸阅读

福公司，旧时英国资本在中国设立的经营矿产的机构。1896 年在伦敦设董事会，北京设办公处。1898 年攫取山西煤矿开采权未成，旋又专营河南焦作煤矿，修建道清铁路。后在中国投资、控制多处煤矿。新中国成立后清理结束。

争矿运动，保晋公司

在张士林等人的号召下，山西阳泉、大同等地发起争矿保晋运动。这是当年留下的珍贵照片。

二、乐善好施

张士林不仅对国家赤胆忠心，而且对民众更是乐善好施，做出了许多为当地人赞誉的善举。

1904 年，张士林在“废科举，兴学堂”社会潮流的影响下，把家族的两个私塾改为小学堂，定名养正小学堂，聘王家椽次子王士选教国文，小阳泉刘玉芳教算术，一切费用仍由张士林承担。学校办得非常出色。1913 年，平定县在赛鱼成立了县立第五高等小学校。当时人们思想守旧，不愿让孩子去“洋学堂”念书，学生寥寥无几。为了支持五高办学，张士林将养正小学并入五高，并将次子张同寿，三子张恒寿，孙子张迁善、张从一送到五高读书，自己还拿出 500 吊钱，又劝说大阳泉魁盛号郄家即他的外祖父家也拿出 100 吊，作为学生津贴，以资助五高。这笔津贴一直延续到 1937 年为止。他还一直资助生活困难的王家椽等教师。民国十六年（1927）张士林去世后，赛鱼五高的师生送了挽联，缅怀他兴学助教的精神。教职员工的挽联为：

桂兰兢秀，素志克偿，今朝解脱归涅槃，哪管他欧风关雨千尺浪；

域朴增荣，高谊难忘，昔日栽培成梦幻，只赢得落月屋梁一天愁。

光绪三年（1877），华北地区遭受了历史上罕见的特大旱灾，田地颗粒无收，民众饥寒交迫，忍受着前所未有的痛苦。此时，张士林在父亲张大聘的支持下，主动捐银800两，并劝本族张大亨与张敦秩分别捐款400两和600两，解决了部分灾民的燃眉之急。大灾过后，当地百姓为了感谢张氏家族的赤诚，集体敬赠“一乡善士”匾额一块，高悬于永庆堂大厅，以表心中感恩之情。此后，张士林给孙辈们都从“善”字上取名，希望他们不忘百姓对张家的信赖，都能成为“善”的使者。

1920年，华北地区又遭旱灾，平定西乡赈灾的责任照例又落在了官沟张家的头上。张士林首倡本乡赈灾，先出资白银数千元。为了让这些救灾款真正落到受灾人的手中，他想出了一个以工代赈的办法，决定修建官沟石桥、南北大坡和碾窑。因为这是一次赈灾的举动，他声明只要劳动就有所得，这就意味着身强体壮的，工钱自然不低；年老和年幼的，工钱也不能少。而

◎银圆坡

银圆山庄的进庄石路，为赈济灾民所建，号称每块石料折合现洋 1 元。

一乡善士

灾民为感谢张家救助所赠的匾额，张家善举的象征。

那些没有受灾或懒散之人，则因为不想出力干活而分文未得，使救灾款真正发到受灾群众的手中。事后一算耗资巨大，这次以工代赈用料将近 4 000 余方，以致被修路面上的每块石料都可折合 1 块现洋。为了歌颂张家的功德，后人便称进庄大坡为银圆坡，而建筑在银圆坡上的张家山庄也就被誉为银圆山庄了。

第四节　事出有因　最终败落

张家在张士林过世后渐渐走向衰落。没有了精明强干的经商人才，张家的子弟又只知道享乐，终于坐吃山空。而民国初期那混乱的时局更是给张家带来了致命的打击。盛极一时的官沟张家成为过去，只留下一片庄园诉说着昔日的风光。

关键词：享乐　败落

一、商道受挫

张家商业资本大部分都集中到了永庆堂各家，由张大聘和儿子张士林两辈人掌管。家业虽然有复兴的迹象，但始终无力改变入不敷出的窘况。1927年张士林死后，张家再也没有一个像样的掌门人和忠诚的管家。东家只知享用作乐，不理家业。掌柜在生意无人问津的情况下掌握了张家全部的经济命脉。如获鹿永太公的经理王历川就是在这种情形下，由最初的身股持有者变成控股经理。掌柜们随心所欲，每次结算盈利，有几个就算几个，从没人追究。因此光景一落千丈，每况愈下。

民国时期发行的纸币

民国时期滥发纸币，导致物价飞涨，极大地影响了张家的商业事务。

民国初期，军阀混战，国家政局不稳，严重影响了民族工商业的发展，这是张家败落的致命原因。张家财产集中在东北各地，奉军混战时，多次发行纸币，致使纸币贬值。单进修堂一家积存的不能使用的纸币就达100多斤。各商行之间又买空卖空，互相拆台。张家在民国二十一年（1932）曾与军方合作做过一次口外生意，不料大赔，口外的商号全部倒闭，只留下赤峰的一些房屋（新中国成立后卖给国家，收入与冀家平分）。不得已，又从内地商号筹集资金20万银圆赔偿外地损失。东家纷纷抽股，各奔前程。从此，张家商号元气大伤。

二、挥金如土

虽然家境一年不如一年，但东家却只知享福作乐，生活奢侈。除家人外，长工佣人、侍女老妈、裁缝工匠、坐堂医生等有几十人，耗资巨大，每年吃喝开支就在8 000元左右。子女上学不用功，平时买文章，考试买答卷，领了文凭却大字不识、文理不通；夫人太太整天打麻将、摸纸牌，消磨时光；公子少爷抽大烟、吸毒品，嗜好成瘾。民国初，张家60%的人都抽大烟，有的小孩在襁褓中就染上烟瘾，大人需不定期地给小孩口对口喷烟，不然孩子就哭闹不宁。仅敦厚堂一家，前后就有13条大烟枪抽着。日本侵华后他们改吸料面，更加剧了对自身的摧残。

进庄石道

站在有“银圆坡”之称的石道前仰望山庄，更能感受到银圆山庄的雄伟。

以敦厚堂为例，“永”字号倒闭时抽出的股金，张士枚的儿媳李凤林原打算作为养老金，办起德玉诚商店赢利，不料其子张积善、张述善和孙子张承先三人吃料面成瘾难改，将所分的家业，先卖土地，后卖家具，再卖房屋。李凤林老人不愿把自己完整的院落卖给别人，就用养老金赎回，几卖几赎，最后养老金花光了，商号也倒闭了，房子还是没有保住。日军占领时，敦厚堂的大院已经卖出五分之三，次子张积善无处居住，把老婆孩子送回岳父家，自己投奔他乡。大孙子张承先沿街乞讨，衣不遮体，骨瘦如柴，甚至行窃拐骗，以换取料面，最后患上伤寒，瘾病交加，36 岁就暴尸草房。至抗战胜利，官沟张家 10 个堂号中，因吃料面家破人亡、彻底破产的就有 7 家。

时至今日，银圆山庄依旧伫立在那里，暮鼓晨钟，经历着年复一年风霜雪雨的洗礼。而我们也只能站在“小布达拉宫”前那些承载着厚重历史的石阶之上，来回望昔日阳泉官沟张家的辉煌与败落。

延伸阅读

银圆山庄的兴建是晋商崛起的印证之一。这个独具特色的建筑群，近年来得到各级常委和政府的重视，先后开发出张士林先生旧居、张恒寿教授故居、张梅林烈士纪念室，并于 2001 年 5 月 1 日对外展示。人们摩肩接踵，纷至沓来，赞不绝口。山庄被誉为山西的“小布达拉宫”。

山庄夕照

夕阳下的银圆山庄散发着浓厚的历史气息，无声地述说着常家的过往。

第十一章

介休豪门　北辛武冀家

介休，因春秋时期晋国贤臣介子推死于县境内的绵山而得名。介休市北辛武乡北辛武村位于介休城东北18千米，距平遥13千米，现有居民约7 000人，是介休第一大村。在这个村落里，坐落着晋商富豪冀氏的旧居。门楼、正楼和两厢侧楼尚在，虽已荒草离离，门窗破烂不堪，但从深庭楼院的石、木、砖等雕饰工艺上，依稀能看到当年的阔绰豪华；村中多处间断的残垣颓壁和沧桑岁月的老院屋宇，也能看到百年前冀家光彩夺目的辉煌气势。

冀氏家族原籍临晋县，其远祖于宋代迁居介休市邬城店村。家族商业约从明正德年间（1506—1521）开始，是晋中富豪中经商比较早的家族之一。约400年间，冀家的商业随着明清两代的经济繁荣而不断走向兴旺，到清乾隆时期典当业和绸布、杂货业发展迅速，最辉煌的道光年间（1821—1850）冀家在全国各地设有商号100多个，资产约达300万两白银，成为当时赫赫有名的大财东。

冀氏家族于同治初年开办票号，跻身于三晋票号前列，在介休成为仅次于北贾侯氏的第二豪门。冀家的商业和票号于光绪末期彻底衰败。

第一节　元末乔迁　明代涉商

冀氏家族可以追溯到元代。经历了几个世纪的时代变迁，冀家由农转商，渐渐发展，到了清朝乾隆年间已成为商号遍布全国的大家族。其经营范围也十分宽广，钱庄当铺、绸布杂货均有盛名，实力颇为雄厚。

关键词：稳步发展　兴旺

一、历经三朝

介休冀氏家族的始祖冀宗，最初定居介休县城东北 15 千米的邬城店村，后支派繁衍，七世的“希”字辈兄弟 3 人约于元代末年西迁至北辛武村。明代中期，九世冀佑有冀忠、冀恺 2 子。正德年间，十世冀忠开始经商，以经营杂货为主。其后近 200 年间，虽然经历了改朝换代，但冀忠一门的商业在十一世冀文林、十二世冀良亨、十三世冀光厚和十四世冀州升 4 代人手中得到了稳步发展，在明末清初的战乱中维持不败。

二、闻名全国

十五世冀之瑜，字钟玉，号琢翁，生于雍正六年（1728）。此人颇具雄才

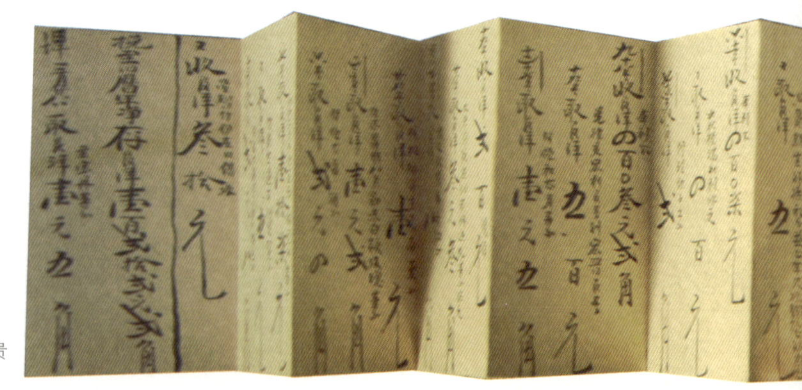

账折

晋商记账的折子，珍贵的史料。

大略，重情重义，待人坦诚。冀之瑜掌管家族时，恰为乾嘉时代，天下太平、商品经济发达，家族商业在湖北汉水一带得以兴盛，之后又拓展到各地。除在介休、平遥、祁县、太原等本省一些地方开设商号外，还逐步发展到北京、天津、上海、河南、山东，甚至远达四川、云南等地，经营范围也逐步扩大，丝绸布匹、茶叶百货，南货北上，北货南运，成了晋商中实力雄厚的一家。而冀家的当铺和钱庄，在全国商界闻名遐迩。

扇子

晋商用的扇子。

冀氏十七世冀国定时期，冀氏商业规模已相当可观。《清稗类钞》称介休冀氏有资产 30 万两白银。道光初，冀氏在湖北樊城、襄阳等地的商铺有 70 多家，以当铺为主，次为油房、杂货铺，其中资本在 10 万两以上的商号有钟盛、增盛、世盛、恒盛、永盛当铺和平遥乾盛亨布庄。这时，冀氏有资产达百万两。但冀氏富后不愿露富，冀国定为掩饰其富，作对联云：“处世无才惟守拙，容身有地不求宽。”

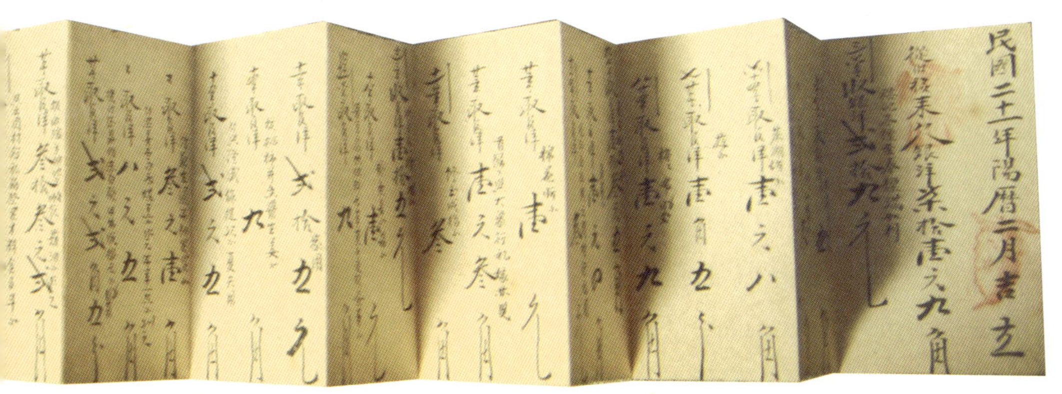
民国二十一年阳历二月吉立

第二节　巾帼掌家　精理内外

冀家家主冀国定过世后，其四房马瑛仙在家中无人能够主事的情况下支撑起了偌大的冀家，不论在治家还是经商上都表现出了杰出的能力，被后人尊称为马太夫人。马氏将冀家打理得井井有条，更培养五个儿子各立门户，成立了五信堂，使冀家步入了更大的发展当中。

关键词：巾帼　经营才干　分家

一、不让须眉

冀国定是冀氏单传，到国定年逾 40 岁时，仍膝下无子，遂继娶四房马瑛仙，后人称之为马太夫人，后生以公等五子。国定去世后，最大的儿子才 17 岁，最小的仅 4 岁，都不足以担当起冀家沉重的担子。因此管理冀家的重任就落到了第四房夫人马氏的身上。

马氏主持家政和商务，其经营才干不比国定逊色。据清人徐继畬《冀母马太夫人七十寿》载：

“赠公（冀国定）既逝，太夫人以诸子未更事，内外诸事，悉自经理。南北贸易，经商字号，凡数十处。伙归呈单簿，稍有罅漏，即为指出，无不咋舌骇服。不出户庭，而六辔在手，综理精密，不减赠公在时。又待伙极厚，故人皆乐为尽力……”

徐继畬

山西代州五台县人。历任广西、福建巡抚、闽浙总督、总理衙门大臣、首任总管同文馆事务大臣。他是中国近代开眼看世界的伟大先驱之一，文化成就卓著。

冀家的商业一半在荆楚，一半在京师、山西等地，冀国定往来照料，而家政全权委托马氏。冀国定自奉俭约，每日两餐常是粗茶淡饭。马氏自己生活俭朴，待人却毫不吝啬。族人、亲戚或乡里有受饥寒者，不管有多少家，马氏都要赠送衣粮。

冀国定的 5 个儿子，有马氏亲生，也有侧室所生的。她不偏不倚。儿子们虽然得到高官厚禄，但在马氏的严格管教下，都不敢以裘衣骏马在乡间夸耀。

冀国定病逝后，内外诸事皆由马太夫人经理。南北贸易经商数十处字号，马太夫人核对南北商务，登记南北方字号，注册立规，从严管理。她思维缜密，洞察细微，商号伙计呈报的账单，稍有差错或疏漏，她一眼就能发现。冀家小到伙计大到掌柜对马太夫人心悦诚服，为其治理商务和家务的有条不紊的才能感到惊诧。

咸丰初年，太平军挥师北上，湖南、湖北陷入动乱，冀家商号被毁 10 余家，家资损耗一半。马太夫人迅速将资金向北方转移，调回现银五六十万两，在天津新设文盛、广盛、星盛、益盛四大当铺。同时，号召各家商号捐资助饷。在山西商人的捐输中，连接六七次，前后共捐钱数十万两。

马太夫人掌权近 20 年，凭借着冀家雄厚的资产和众多的商号以及她的精明能干，在商界成为赫赫有名、叱咤风云的人物。据说，平遥县开标利，如果马太夫人不到，就开不了，因为不知她是放还是收。其经营才干由此可见。

延伸阅读

马瑛仙，介休张良村人，是中议大夫马培和的第三个女儿。少年时期“端严慎重，聪颖过人，女工纂绣无不娴习”。冀国定家虽富有，而苦于襄助无人，马氏为继室，以母家仪式相之，以立家规。

二、各立门户

大约在咸丰六七年（1856—1857）间，马

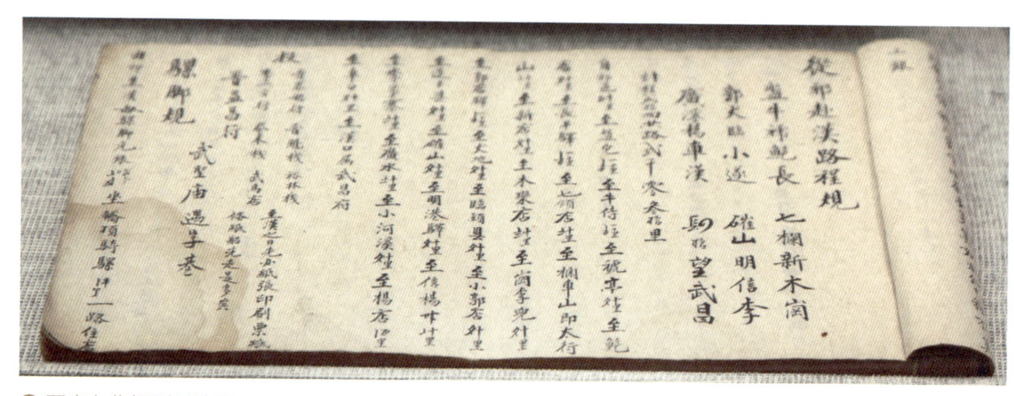
從邢赴漢路程規

晋商办货规则及路程

晋商有着严格而合理的详细规则，保障了其经商的长久性和有效性。

太夫人曾为 5 个儿子分家各立门户，从此冀家有“五信堂”之称。

冀氏所经营的商业，除平遥谦盛亨布庄（后改为票号）归五堂共有外，其余均分给各门，加上他们在分家后又新设的商号，各门的情况是：

以公（悦信堂）：析产分到增盛、广盛当铺，之后在直隶大名府又设当铺、颜料庄数家，在介休张兰镇设悦盛昌、悦来号钱庄，又在湖北通过当铺放账兼并了部分土地。

以廉（笃信堂）：析产分到钟盛、益盛当铺，后在介休张兰镇又设谦盛晋钱庄、平遥县宝兴成绸缎庄。

以中（立信堂）：析产分到恒盛、文盛当铺，后在介休张兰镇又设恒盛茂商号。

以和（敦信堂）：析产分到永盛、星盛当铺，后在湖北樊城又设鼎顺、永顺二当铺，在北京设仁盛当铺，在库伦（乌兰巴托）、喇嘛庙和张家口等地设恒顺发等皮毛商号，又在介休万户堡购买土地二顷多，在洪山购买水地一顷多。

以正（有容堂）：因同马太夫人在一起，析产只分到世盛当铺，另有现银 10 万两，后在祁县设天聚和茶庄。以正是秀才，据说为考举方便，在平遥设其德昌票号（兼营布匹），在太原设其昌水绸缎庄，在晋祠设其世昌、其昌泰杂货庄，号称“四杆旗（其）”，并在晋祠购稻田四顷。

这次分家，对冀家的商业发展是一个促进，5 兄弟都有了独立自主的商号，这些新设的商号也使冀家的商业走向辉煌。

第三节 经营票号 由盛而衰

作为马太夫人的四子，冀以和继承了母亲的才能，将冀家带入了鼎盛时期。他抓住机遇开设票号，形成了遍及各大城市的汇兑网络，赚取了巨大的利润。这时的清朝已处在灭亡的边缘，内忧外患不断，冀家纵然富有强大也挡不住社会动荡的冲击，最终连连亏损，彻底没落下去。

关键词：争票号 没落

一、票号获利

冀以和(1831—1900)，字达堂，号蔼一，是马太夫人的四子，第十八世主东，是使冀家商业资本发展到鼎盛时期，而又濒临彻底衰亡的一个关键人物。

家财由其母马氏掌管到咸丰初年才主持弟兄们分了家，但开设在平遥县的乾盛亨布庄、介休张兰镇的乾盛晋钱庄、祁县城的天全茶庄以及这几个商号分设在全国各地的分庄没有分开，仍由弟兄们合伙经营。当时冀以和年仅 20 多岁，但却最为精明能干，善于结交朋友，理财之术尤胜诸兄。因此，便成为冀氏合伙经营商业的主东。在其主持下不到几年，果然使商业资本又有了新的发展。他看到当时已经盛行的山西票号盈利甚巨，觉得开办票号营业有利可图，于同治三年（1864）将乾盛亨布庄改为票号，专营汇兑和存款、放款业务，总号设在平遥县城内，并在北京、天津、汉口、上海、西安、昆明等大城市及四川、河南、山东、湖南等省设立分庄。为了便于组织和指挥贸易、金融活动，他本人常驻北京分庄坐镇，并在北京设立公馆，结交京城和各地豪商巨户和清政府一些大官僚，以作为票号发展的支柱。因此，在很短时间内，钱庄票号的汇兑、存款、放款业务便大大活跃起来，其他商业贸易也得到了相应的发展。为了提高声誉，更好地开展商业金融活动，他也深知做官为宦的重要性。因此，虽然他连个秀才也没有中过，但通过与大官僚们的交往，花了些银两，捐了个官衔，为军功议叙府参将，军功议叙知府一品，封殿荣禄大夫赏戴花翎候选道台。这

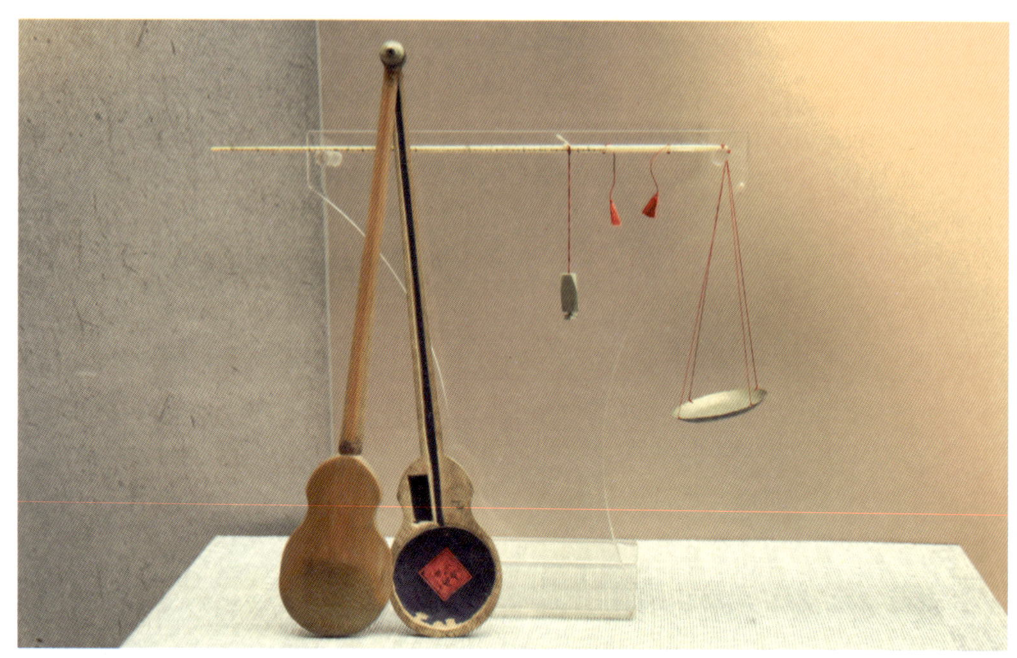

戥子

精细的量具，十分小巧，多用来称金银。

个官衔虽非实职，但凭着它更加强了他的活动能量，对获取巨额利润、聚敛大量资财更为有利。因此，在同治末期到光绪前期，冀家商业资本便发展到鼎盛时期。特别是钱庄票号业务，几乎汇通天下。

二、冀家没落

随着外国资本主义侵略步步深入，清政府逐渐走向腐败没落，中国民族资本主义商业也面临着种种危机。光绪八九年间（1882—1883），乾盛亨票号首先遭到一件公案的影响，几致倒闭。这件公案是太常寺卿周瑞清包揽云南报销，伙同云南几个官员侵用公款，将款汇至京城取用，而乾盛亨票号云南和北京分庄，正是这笔钱的经办者，使其声誉大损。再加上当时其他票号有的也发生类似案件，冀以和预感到前景岌岌可危，于光绪十一二年间（1885—1886），对票号进行收束。但因存放款涉及好多官僚大户，存款要取走，放款收不回，最后决定把外欠款欠在平遥总号账上，欠款 20 多万两银子在平遥总号提取。但总号没有那么多银两支付，一时间形成挤兑，冀家使尽家底还了债务。此次波折后各地又继续经营下去，但其营业却不如从前。同时，冀以和本人也步入老年，年轻时的锐气已减，精力逐渐转移在家乡兴建住宅等方面，商务、金融活动多由各商号经理经办，本人渐少过问。待家乡住宅及园林落成后，他住进了新居，尽享安乐。光绪二十六年（1900）三月，是冀以和的七十寿诞，他所经营的全国各地商号及远近大小官僚前来为其祝寿，其乐无穷，但这已是冀家回光返照、走向没落年月之时。寿事过后不久，兴尽悲来，冀以和病卧床头，病情逐日加重，六月初二去世。

光绪二十六年（1900）义和团运动爆发，八国联军进军中国。冀家有的商号被付之一炬，有的被抢劫一空，最后在众多存款户的逼迫下，冀氏倾家荡产，还清了债务，走向没落。

晋商汇票

汇兑用的票据，晋商票号所用。冀家当年的票号生意十分兴旺。

三、多行善举

冀以和年老归里后，在地方建设方面有所建树，曾在其家花园开办私塾，取名登瀛文社，招收秀才免费入学，深造培训了一些人才；并把北辛武村里的 7 座庙宇进行了补修，乐善好施。最突出的是补修真武庙时，在院子中轴线上新建了一座琉璃牌楼，气势雄伟，色彩绚丽，工艺精巧，集介休当时名产琉璃烧造艺术于一身，至今犹存，为三晋稀有文物。

延伸阅读

光绪十一二年（1885—1886）的挤兑风潮中，债主派车到北辛武村家里拉银子还债。第二天平遥总号派了 5 辆大车在北辛武村拉了一天元宝。这件事轰动了平遥城，可见冀家的殷实家财。

太和岩琉璃牌楼

冀以和所建的琉璃牌楼，绚丽精美，十分罕见，为北辛武珍贵文物。

第十二章

经商从政　太谷孔氏

此太谷孔氏是指近代官僚资本家孔祥熙家族。孔祥熙（1880—1967），字庸之，号子渊，太谷程家村人。关于他祖上经营票号等事，众说纷纭，不过有几点是大家一致接受的。

孔祥熙的曾祖父辈孔宪仁担任过太谷志成信票号经理，孔宪仁的名字在清朝同治年间“志成信合约”中有所记载，从其所入股份中，可以推断孔宪仁为经理的级别。

另外孔祥熙的一房族亲孔庆丰（太谷北街）也曾担任过志成信票号的掌柜，按辈分是孔祥熙的爷爷一辈。由此可见孔家在清代已是商业家族。

第一节 留学欧美 太谷办学

孔祥熙从小入教会学校，接受新思想教育，后经所在教会推荐赴美留学，学成归国后在家乡太谷创办中学，推行新式教育。在后来的辛亥革命中，孔祥熙率领学生为保卫家乡、抗击清军做出了贡献。

关键词：基督教会 留学 铭贤学堂 革命

一、接受新思想

孔祥熙五岁时由母亲庞氏启蒙教读，七岁时母亲去世，其父到太谷城西张村设私塾授课，他随父读书，从而打下国学知识的基础。

孔祥熙像

孔祥熙，山西太谷人，曾任中华民国南京国民政府行政院长，兼财政部长。是中国有名的大富商。

1889 年，孔祥熙患了痄腮，请中医治疗未见功效，后来溃烂成疮，病急改往太谷前街基督教会所设的诊所求治,不久溃疮痊愈。治病期间，孔与诊所的洋大夫和护士们处得很熟，曾去参观教堂、诊所、学校等教会所设机构，留下了较深的印象。“他由参观而流连，进而渴望成为他们中的一员。”

1890 年春，教会所办太谷福音小学招生，孔祥熙要求入该校读书，获得父亲的同意，但是族人多反对，认为违背了孔氏子弟读“圣贤书”的传统。他经过多次争辩，最后以承诺只在校读书，不信奉“洋教”，才被允许入学。在 1894 年年底，孔小学毕业，成绩优良，但对八股试帖之类的东西却未学习。为将来打算，孔繁慈支持儿

子继续念新式学堂，走求新知的道路。次年经教师魏禄义的推荐，到直隶通州（今北京市通县）美国公理会所设的潞河书院读书。孔在校学习勤奋，由于国学根底较好，在随同教士到校外讲道时，能把儒家思想和基督教教义结合起来以增强宣讲效果，因而受到书院的重视。潞河的女传教士麦美德对孔尤为关注，引导他受洗礼成为基督教徒。孔受教会宣传的“自由、平等”观念的影响，对清政府的专制腐败不满。在听到孙中山的革命活动和兴中会的革命宗旨后，深受启发和鼓舞。孔和同学李进方于1899年在校秘密组织“文友会”，联络同学探讨新思想。

二、留学美国

1900年义和团运动爆发，各地教会首当其冲，潞河书院也被迫停课，孔祥熙暂时回到家乡。当时山西巡抚毓贤，正唆使清兵和拳民在各地焚烧教堂、杀戮教徒，孔祥熙和妹妹祥贞躲进福音教堂避难。由于形势日益恶化，孔家兄妹依靠族人和乡亲的掩护才先后逃离险境。而被困在太谷教堂内的美国传教士和中国教民共14人，则在半月后均被杀害。义和团被镇压后，孔祥熙找太谷知县料理了被害教徒的后事，并与同学张振福赴京向华北公理会汇报了太谷教案的情形，然后作为华北教会派赴山西教案善后谈判代表叶守贞和文阿德的助手，赴晋谈判。在办理太谷教案一事之后，华北公理会对孔“忠

延伸阅读

孔祥熙故居坐落在太谷城内无边寺的西侧太谷师范学校院内，是太谷城内现存最大、保存最完整的具有清代中期建筑风格的一座宅院，系省级重点文物保护单位。

孔宅一角

孔祥熙留下的老宅院，环境优雅，装饰华丽。

心事主”的品质和处事干练的才能十分赏识，决定推荐孔祥熙到美国欧柏林大学学习。不久经潞河书院教务会议通过，由该校出资送往美国留学。

1901 年秋，孔祥熙在麦美德教士护送下赴美，入俄亥俄州欧柏林大学，起初主修理化，后来改修社会科学。1905 年他考入耶鲁大学研究院，研习矿物学。1907 年耶鲁毕业时，获得理化硕士学位。孔自称对未来的抱负是 :“提倡教育，振兴实业。”

三、归国办学

孔在欧柏林读书时，与美国同学保罗·考宾（Paul L. Corbin）最为友好，曾相约学成之后返回太谷弘扬教会事业。孔返国之前，欧柏林大学的中国学社为孔举行欢送会，有人提出由孔捎回捐款，在太谷为死于义和团运动的传教士修筑纪念堂；孔则提出设立学校以启迪民智、造就人才，这样的纪念意义更佳。孔的意见当场得到一致赞成。随后，众人为此募集到一笔为数可观的办学基金。

1907年秋，孔祥熙回到北京。那时正值清政府重用留学生之际，邮传部、北洋大学堂和长沙旅京士绅曾先后派人来邀请，孔均婉辞，决心返回太谷办学。起初，孔接办太谷南街基督教公理会明道院附设小学，继而扩充增加中学课程，使其成为太谷的第一所中学。学校取名铭贤学堂（英文名 Oberlin Shansi Memorial School），寓有纪念庚子年死难教友的意思。孔自任监督（校长），兼授史地、矿物等课程，教员多半由传教士担任，他的父亲孔繁慈也在该校教授经史课。到1909年春，铭贤的学生增至一百几十人，原址不敷应用，经研究后于这一年的秋天把学校迁到太谷东关杨家庄孟氏别墅新址，并在这里进行了颇具规模的学校建设。孔祥熙办学，德、智、体并重，并亲自教授体操。当时国内尚无现成的体育教材，他取法美国步兵操典，自制木枪，操练学生。由于课程内容新鲜，很受学生们的欢迎，同时也引起社会的重视。太谷商会会长慕名前去礼请孔祥熙担任商团教官，代为训练商团团员。不久，太谷警

铭贤学堂

孔祥熙用美国欧柏林大学捐资所建，是太谷第一所中学，现为山西农业大学一部分。

察局也请他担任顾问，由此孔和太谷地方治安力量也有了密切联系。

1911 年 10 月武昌首义，各省纷纷响应，10 月 29 日太原宣布独立。此时太谷的清政府官员早已闻风隐匿，地方群龙无首，从太原溃散出来的清兵成群结队直奔太谷。士绅们要求孔祥熙出面维持治安，他慨然从命，称太谷义军司令，调集商团团员和铭贤学生组织的义勇队，执枪闭守四门。孔亲自率领一队登上北门，向围城的溃兵做劝导并答应提供川资 3 000 两，使溃兵绕城而去，从而使太谷免遭劫掠。随后，各界商议将本县商团及铭贤的部分学生武装起来，成立太谷营务处，推举孔祥熙为营务处总办。附近各县知道后，也纷纷仿效太谷的办法。当山西革命军和清军在娘子关交战时，铭贤的十多名学生组成敢死队，奔赴前方参与抗击清军。孔则负责维持地方秩序，直到南北和议告成。

孔家宅院

孔宅处处皆美景，让人感受到当年孔家的富贵。

第二节 经销煤油 服务桑梓

孔祥熙秉持“振兴实业”的理念，以经营煤油成为大商人。随着他与革命党人的接触，孔祥熙不仅结识了孙中山，更与宋霭龄结为夫妇。夫妻二人共同打理铭贤学堂，经营商业，取得了长足的发展。同时，孔祥熙不忘改革社会，利用自己的财力和影响力为山西办了很多实事、好事，一定程度上促进了山西的发展。

关键词：振兴实业 服务桑梓

一、经商与革命

孔祥熙留学归国后致力创办铭贤学堂，在提倡新式教育、培养人才方面取得一定的成绩，但他并未忘情对“振兴实业”、发财致富的追求。在1912年，孔从生活中观察到煤油已成为居民夜间燃灯照明的必需品，经营煤油定有大利可图，于是伙同五叔孔繁杏设立祥记公司，向英商亚细亚火油公司交付一笔为数可观的保证金，从而取得了在山西全省经销亚细亚壳牌火油（即煤油）的总代理权。这一独家经营，每年给孔家带来了丰厚的利润。

“二次革命”失败后国内政治形势恶化，孔祥熙由于前一年丧偶心情不佳，于是答应耶鲁校友、当时担任中华基督教青年全国协会总干事的王正廷的邀约，东渡日本担任东京中华留日基督教青年会总干事。孔在东京除了负责青年会的活动外，还为中华革命党人筹募经费，并帮助孙中山处理文书函电。那时，宋霭龄是孙中山的英文秘书，孔、宋接触较多，彼此了解，感情日增。宋称赞孔为人谦和，“赚钱赚得很得法”，“似乎天生有一种理财的本领”；孔对宋则“在在佩服”。由于双方情投意合，1914年春孔祥熙和宋霭龄在横滨结婚。婚后，宋霭龄向孙中山辞去秘书职务，推荐她的妹妹宋庆龄接替。

1915年秋，孔祥熙夫妇从日本回到太谷。孔继续主持铭贤学校和经营商业。他利用欧战期间国外需要军工原料之机，把阳泉所产铁砂运往天津出口获利；又创办裕华银行作为融通资金的枢纽。后来他把祥记和裕华总号从太

孔宅

孔祥熙当年居住的宅院，奢华美观。

谷迁到天津，以利发展。宋霭龄除主管家政、相夫理财，还在铭贤兼教英文。他们有四个儿女：长女令仪，1915 年生；长男令侃，1916 年生；次女令伟，1919 年生；次男令杰，1921 年生。

二、服务桑梓

孔祥熙在太谷除办学和经商卓有成效外，在服务桑梓方面也有所表现。他被山西督军兼省长阎锡山聘请担任督军公署参议后，对阎所奉行的“从安定中求进步”和推行的蚕桑、植树、水利、天足、剪辫、禁烟等六项“村政改革”曾给予大力支持，并要求铭贤学生在假期回家时，向邻里广为宣传讲解。他认为阎的施政内容，和他自己所主张的“改革社会”“提倡教育、振兴实业”是“殊途同归”的。1918 年，驻华各国公使来太原参观华北运动会，孔应阎的邀请担任高级招待员。孔向来宾详细介绍山西的教育概况和省政措施，并担任游览山西晋祠、五台山等名胜的导游。由于孔的宣传与热心接待，洋人对山西“模范省”留下较深的印象，从而也博得了阎锡山由衷的赞许。

孔在家乡为地方做过一些有益的事。1919 年山西大旱，一些县灾情严重，哀鸿遍野，北京政府欠薪欠饷自顾不暇，而阎锡山又不愿意出钱。孔祥熙挺身出面代灾民呼吁，利用与教会的关系，向华洋义赈会贷到赈款美金 100 万元，用以工代赈的办法，在晋南修筑公路来救灾。结果一举三得：既使得众多灾民安然度过灾荒，又促进了山西交通和社会经济的发展，还为自己赢得了社会声誉。

孔院戏台

孔家大院留下的戏台，是当年孔家娱乐享受的场所之一。

第三节　由商而官　总管财政

孔祥熙在孙中山的指示下为革命事业而奔走，参与了很多历史性的事件。而在孙中山逝世后，他渐渐在国民政府中担任要职，先后出任工商部长、财政部长等，成为掌管中国财政金融大权的要人。

关键词：革命　国民政府　财政部长

一、从政之途

1923年，孔祥熙根据孙中山的指示，赴东北秘密结交奉系军阀张作霖、张学良父子，以贯彻孙在当时推行的“联奉反直”的斗争策略。1924年年初，他又秘密携带孙中山所著《建国大纲》手稿赴北京策反直系军阀的干将冯

孔祥熙与蒋介石

图为蒋介石携夫人宋美龄造访孔家时的情形。

孔家厅堂

孔家的风光已成过往，只留下这厅堂院宇，向世人展示着当年的兴衰沉浮。

玉祥。冯玉祥因此倾向革命，并于同年10月发动了北京政变，使得直系军阀的统治迅速崩溃。1925年3月12日，受冯玉祥邀请赴北京共商国是的孙中山与世长辞。在孙中山逝世前夕，孔祥熙日夜陪侍其左右，并因此成为著名的《孙中山遗嘱》见证人之一。孙中山逝世后，他又担任治丧处主任，悉心为其料理后事。

不久，北方政局趋于混乱。孔祥熙乃于1926年春去美国游历，并接受母校欧柏林大学赠予的法学博士名誉学位。在旅美期间，他为铭贤学校募集了100余万美元的办学基金。同年7月，广州国民政府发动北伐战争，在短短半年内就歼灭了直系军阀吴佩孚、孙传芳的主力部队，将革命势力由珠江流域扩展到长江流域。孔祥熙看到这一大好的革命形势后，于12月从美国赶往广州，担任广东省财政厅长兼广州国民政府代理财政部长，总揽后方财政事务，支持北伐战争。1927年1月，国民政府由广州迁至武汉，并于3月增设实业部，任命孔祥熙为该部部长。孔在广州宣誓就职，但事实上并未赴任。

1928 年 2 月，在蒋介石的提携下，孔祥熙出任南京国民政府工商部长。1930 年 12 月，又改南京国民政府实业部长。1933 年 4 月初出任中央银行总裁，积极协助行政院副院长兼财政部长宋子文实施废两改元，以在中国确立统一的银本位币制。同年 11 月初就任财政部长，并仍兼中央银行总裁。从此，他掌握中国财政金融大权，长达 11 年之久。

二、家族经营

孔家的资本主要是商业资本，他家的山西裕华银行只是商业资本的“保姆”，工业资本则多半是他人依附或偶尔为之。抗战时期孔家的商业，主要是由他的精明能干的妻子宋霭龄和长子孔令侃、次女孔令伟经营的。

抗战胜利后，孔祥熙虽然不居高官，但认为行政院长宋子文推行的外汇开放政策，实是国际贸易事业兴旺发展不可多得的良机，于是大力扩充商业规模。孔令侃主持的扬子公司和长江公司，以及孔令伟主持的嘉陵公司，都是不同于祥记的现代大型国际贸易公司，均以经销美国货为主。

三、最后的故事

1944 年 11 月孔祥熙因国内外的压力辞去财政部长一职，第二年相继辞去其他职务，仅任中国银行董事长和国民党中央执行委员。1947 年秋，孔祥熙以陪护宋霭龄治病为由，由上海赴美国纽约定居。1967 年 8 月 16 日，孔祥熙因突发心脏病在纽约去世，享年 87 岁。

主要参考书目

成艳萍：《经济一体化视角下的明清晋商》，科学出版社，2013年版。

冯改朵、刘建生等：《西口研究——以杀虎口为中心》，山西经济出版社，2012年版。

刘建生、燕红忠、张喜琴等：《明清晋商与徽商之比较研究》，山西经济出版社，2012年版。

燕红忠：《晋商与现代经济》， 经济科学出版社，2012年版。

燕红忠：《中国的货币金融体系（1600-1949）》，中国人民大学出版社，2012年版。

刘建生：《商业与金融：近世以来的区域经济发展》，山西经济出版社，2009年版。

刘建生、燕红忠、石　涛等：《晋商信用制度及其变迁研究》，山西经济出版社，2008年版。

刘建生、燕红忠、王瑞芬等：《山西典商研究》，山西经济出版社，2007年版。

刘建生、刘鹏生、李　东：《回望晋商》，山西经济出版社，2007年版。

刘建生、刘鹏生、燕红忠等：《明清晋商制度变迁研究》，山西人民出版社，2005年版。

刘建生、刘鹏生等：《晋商研究》，山西人民出版社，2005年版。

高增德、刘建生：《晋商巨擘》，山西经济出版社，2005年版。

刘建生：《商谭》，山西经济出版社，2002年版。

刘建生、刘鹏生等：《山西近代经济史（1840-1949）》，山西经济出版社，1995年版。

刘建生：《中国近代经济史稿》，山西经济出版社，1992年版。

……

蔡东洲、文廷海：《关羽崇拜研究》，巴蜀书社，2001年版。

葛贤慧：《商路漫漫五百年》，华中理工大学出版社，1996年版。

李希曾：《晋商史料与研究》，山西人民出版社，1996年版。

刘建生、燕红忠：《晋商与传统文化》，《晋阳学刊》，2002年第4期。

木萱子：《晋商之死》，中国经济出版社，2009年版。

聂昌麟：《太谷曹家商业资本兴衰记》，《山西文史资料全编：第1卷》，《山西文史资料》编辑部，1998年版。

孙丽萍：《论晋商的人生价值观》，《晋阳学刊》，2001年第4期。

田际康、刘存善：《山西商人的生财之道》，中国文史出版社，1986年版。

张正明：《晋商兴衰史》，山西古籍出版社，1995年版。

周建波：《成败晋商》，机械工业出版社，2007年版。

后记

家庭是社会的细胞，也是社会的最基本经济单位。家族是指血缘关系明确，存在经济联系并通常在同一居住地的社会组织。晋商之家族不同于一般官绅家族，它既具有中国传统文化韵味，同时又摆脱不了商业的烙印。

首先，从家族兴起衰亡的角度看，晋商显赫的家族和财势并不是一朝一夕成就的，它离不开整个家族几代人相继的呕心沥血。例如常家四世出走东口，八世常威于常布铺发迹，九世常万达穿越大漠开辟茶叶之路，十一世秉字辈开办大升玉和大泉玉。经过几代人的携手互助、不懈经营，最终富甲一方，声名显赫。祁县乔家、祁县渠家、太谷曹家等家族毫无例外，都经过几代人的努力，从社会的最底层终究成就荣华富贵。

就家族衰亡而言，每个家族都有其兴衰的生命周期。有些家族生命周期较长，子弟有前途者多，而有些家族则衰败得快，生命周期短。其中有一个重要原因，就是前者重视家规家风，后者家规弛、家风差、败家子弟也多。以乔家为例，其始祖乔贵发与秦姓在包头发迹，秦氏子弟挥霍浪费，入不敷出。复盛公财股中只有秦家1分2厘5。乔致庸时代，乔家明确地制定了家规家法，约束子弟。乔氏子弟恪守祖训，因而其后裔有成就者很多。据了解，映字辈以下的人字辈二十人中，有大学生十二名，其中双博士一人、硕士三人，有两人留美，其余也是中学毕业。他们大多分布在北京、上海及昆明等城市，从事金融界、教育界、科技界的工作。

其次，从家族教育的角度看，在传统社会，上至达官贵人，下至乡间百姓，对于读书求功名有着共同的情结。但是教育离不开经济基础。普通百姓只局限于务农做工，考取功名者很少，而上层人士却竭尽全力求功名富贵。生活境遇的差别导致了不同的人生追求。因此，晋商家族无一例外，都重视儒学教育。

如榆次车辋富商常氏，他们尊师重教，为子弟提供了优越的学习条件，但其目的不是“学而优则仕”，而是为常氏经商活动培养人才。九世常万玘、常万达兄弟在就学时，学习成绩优良，但学成后未去参加科考，而是随父亲常威到张家口经商。由于常氏兄弟有文化，经商多谋略，后来常万玘创立“十大德”，常万达创立“十大玉”商号，成为晋商中一支劲旅。他俩的堂兄弟常万育，读书时“用力甚勤，人皆许其能远，母独命学陶朱术”，后经商二十年，很有成就。即使已取得功名的常氏子弟，仍以经商为荣。十二世常麒麟，已选拔贡，需赴京入国子监，但他弃儒为商。其子常继丰，少年就学时，辞章粹美，但他考入国子监，后又实授“游击”之后，仍然弃官经商。

晋商在长期“经商习儒”的过程中，逐渐形成其独特的价值观和价值取向，即不仅认为儒贾相通，而且认为儒可助贾，并且认为“习儒”的主要目的已不是“入仕”，而是“经世致用”。

祁县的乔致庸、常家的常立仁、侯家的侯定元等都是由于执掌家政的负担而弃儒从商。迫于生计或是家族责任的无奈，是他们心中永远的人生缺憾。传统文化“士农工商”的排列也催生了他们对仕途的向往。因此，他们家道宽裕时，就捐官买爵，实现埋藏心里依旧的渴望。除了为自己捐官捐衔，还为父母亲戚捐，提高家族的地位。

祁县渠家：渠同海受武德骑尉守备衔、守御所千总；其子渠映潢，受朝议大夫、盐运使运同、直隶州州同；其孙渠长瀛，受朝议大夫、盐运使运同，妻孟、罗、马氏俱奉恭人。

祁县乔家：乔景僖受花翎员外郎，乔景侃受花翎四品附贡生，乔景信受花翎二品衔补用道员，乔景监受花翎员外郎，兄弟十人均受花翎顶戴。天成事票号经理张河锦捐银450两，准为监生共赏给守御所千总衔。

太谷志成信票号财东，议叙员外郎、监生，着实赏给举人，仍留员外郎衔，并赏戴花翎；另一人议叙守备职衔，着注守备衔，作为贡生，以道员分发陕西分缺先补用，并赏戴花翎。太谷锦生润票号财东曹培滋，着以郎中不论单双月选用，并赏戴花翎。平遥日升昌票号财东李箴视，不仅自捐官衔，还给已死去的父亲、祖父、曾祖父捐衔，其兄弟七人及下一辈男子十二人均捐有文武头衔，李家的妇女均受封为宜人、夫人。

再次，从婚育角度看，晋商家族子弟婚姻多不幸。

晋商为了谋利常年外出，造成了无数个缺损家庭的存在。晋商商业有不成文的俗约规定：从业人员包括经理、伙计，都不得在商号所在地携带妻子家眷和结婚纳妾。还规定，探亲分为十年、六年或三年一次，每次三到四个月。因此，从十一二岁入号，到六十岁退休，一生中只有十多次回家探亲的机会。多少商人妇女形单影只、独守空房，在孤寂和企盼的心境中，还要担起家庭重负。由于商人重利轻别离，以致在山西有“旅蒙商的儿女少，妻子守活寡的多”的说法。清代后期，清政府对旅蒙商限制较松弛，旅蒙商从业人员在经营商号所在地纳妾、同居与嫖娼者日渐增多。光绪年间归化城大盛魁商号有一掌柜，年已六十多岁，却娶了一个十六岁姑娘为妾。在他结婚时，有一对联戏道：“二八佳人七九郎，梨花压在牡丹上。”在张家口、归化城、库伦、多伦诺尔等城镇，旅蒙晋商上至掌柜，下至伙计，嫖娼、包妓、与蒙古妇女同居者屡见不鲜。

最后，从民居的角度看，晋商家族都建起了独具特色、豪华富丽的宅院。这些宅院将北方民居建筑文化发挥到极致，体现了山西民居，甚至北方民居的菁华。同时，它也是晋商五百年兴衰史的见证。大院里一砖一瓦、每个细节局部都有晋商文化交织其中。

晋商宅院一般都呈封闭结构，有高大围墙隔离；一般都以四合院为建构组合单元，院院相连，沿中轴线左右展开，形成庞大的建筑群。但各族各院又有其独特的意蕴氛围。例如：乔家大院完全是城堡式的建筑，院墙高大如城墙，布局讲究方正和稳定，整座大院结构呈“囍”形。渠家大院中罕见的五进式穿堂院、石雕栏杆院、十一踩木制牌楼和包厢式戏台院号称“四绝”。光是看屋顶的形制就极丰富，歇山顶、悬山顶、硬山顶、卷棚顶各不相同。院与院之间均有牌楼相隔，随处可见的匾额楹联透露出些许书香之气。曹家大院充满富贵气度，整体结构是篆书的“寿”字形。王家大院前后院落高度不同，有层次感。院内俯仰可见的砖、木、石雕刻异常精美，建筑构建气势宏伟，透着一种亦儒亦商的霸气。

这些留存的老院深宅，依然感受着寒来暑往，在默默地展现着晋商昔日的繁华荣耀，在无声地述说着晋商家族的兴衰成败。

刘亚丽

跋

明清晋商在中国商业舞台上活跃的时间之长、影响之大，是空前的。然而历史的车轮无情地碾过那段令人激奋和无奈的岁月，只留下斑驳的记忆和深深的叹息。如何重拾昔日辉煌、重振晋人精神，如何改变百年封闭思想、形成晋人与时俱进的理念，如何挖掘历史文化遗产、实现文化强省，如何改变外界对山西的偏见、重塑山西的时代形象，成为当代有识之士急于破解的难题。

在国家日益重视文化对社会发展的重要意义的背景下，正值山西省省委、省政府大力推动文化产业发展的良好历史机遇，2008年初夏，时任山西教育出版社社长的荆作栋以敏锐的市场把握和独特的文化视角，结合晋商出版物的现状，将晋商文化的挖掘和传承作为出版工作的一个切入点，提出做一套能全面展示晋商文化图书的出版思路；山西大学晋商学研究所近二十年来一直致力于晋商研究，曾先后出版相关专著十余部，发表相关论文二百余篇。鉴于此，张沛泓、杨文两位编辑在多方调研和充分论证的基础上，最终确定与山西大学晋商学研究所合作，以《晋商五百年》丛书的形式，将近年来晋商在各方面的研究成果进行整合，以通俗和生动的方式图文并茂地展示给广大读者。山西大学晋商学研究所在深入思考和集思广益之后，决定全力以赴做好这套书。相信这必将有力地推动晋商文化的宣传和普及，更好地满足文化市场发展的需求。

随着晋商研究的深入，晋商学作为一门独立的学科已经粗具规模，其研究的外延亦不断扩大。《晋商五百年》丛书主要从经营行业（盐商、典商、票商、茶商、粮商等）、会馆、家族、教育、公司、建筑、经营、镖局、走西口等方面，对晋商现象进行概括性描述，基本可以反映出明清晋商的全貌。在本丛书的各分册中，对晋商饮食起居、书法戏曲、官商关系、社会公益以及特有的商业习俗等也都有所涉及。

《晋商五百年》丛书十四册的编写历经五年有余，经过出版社同志们的辛勤劳动和各分册作者的共同努力，终于可以付梓出版了。丛书作者为山西大学晋商学研究所、历史文化学院、经济与管理学院、教育学院和体育学院研究晋商学的老师和研究生，他们分别从自己研究的领域和视角对晋商现象进行了介绍。在五年多的编撰过程中，出版社编辑和作者两方多次探讨，反复修改，几易其稿，达成共识；特别是在丛书整体的文字表达上，尽量使用通俗的描述语言，并配以内容丰富、形式多样、涉及范围广的“延伸阅读”，让各册内容更加丰满，知识涵盖面更加广泛。在此，对各位著作者的辛苦工作表示敬意。

山西教育出版社编审委主任张沛泓、项目部主任杨文在本丛书的论证、策划、立项、组织等方面做了大量工作，并在成书的过程中积极推动，在此对她们的敬业精神表示钦佩。各册责任编辑为使图书更加美观形象、内容更加生动丰富，通过各种渠道搜集和拍摄了大量图片，下了很大工夫，也付出了很多心血。山西教育出版社美术编辑刘志斌在丛书的装帧设计、正文图片的统筹和编排等方面做了大量工作。在此对山西教育出版社相关领导和编辑们的敬业精神和辛苦工作表示崇高的敬意和衷心的感谢。

本丛书在编写的过程中，我们参考了大量学界前辈和研究同仁的研究成果，但囿于体例和篇幅限制，不能全部一一标列，在此对各位作者表示诚挚的感谢和深深的歉意。由于本丛书有的分册是师生合作编撰，其中在结构安排、行文内容等方面还有一些尚需斟酌之处，恳请各位读者指正和谅解。

刘成虎

于山西大学晋商学研究所

鸣谢

为全面形象地宣传、展示晋商文化，本丛书在编辑出版过程中编配了一些相关图片，我们希望取得摄影者的授权，但囿于时间、条件的限制，部分图片未能事先与摄影者取得联系。在此，我们对相关摄影作品的作者表示歉意并恳请能及时与我们联系。本丛书图片的提供者有梁铭、荣浪、薛菲、刘志斌、高春平、刘成虎、刘映海等，并得到北京晋商博物馆、山西财经大学晋商博物馆、山西省博物院、太原晋商博物馆、山西近代矿史研究会、保晋公司纪念馆等单位的大力支持，在此一并致谢！